Ulrike Corneliussen

Ready for take-off

Ulrike Corneliussen

READY FOR TAKE-OFF

Erlebnisreise durch den Frankfurter Flughafen

SOCIETÄTS VERLAG

1. Auflage

Layout: Julia Desch, Societäts-Verlag
Satz: Bruno Dorn, Societäts-Verlag
Umschlaggestaltung: Bruno Dorn, Societäts-Verlag
Umschlagabbildung: Macrovector/Shutterstock
Druck und Verarbeitung: CPI books GmbH, Leck
Printed in Germany 2022

ISBN 978-3-95542-419-0

Besuchen Sie uns auch im Internet:
www.societaets-verlag.de

FSC
www.fsc.org
MIX
Papier aus verantwortungsvollen Quellen
FSC® C083411

2022
Klimaneutraler Druck
firstclimate

INHALT

VORWORT

Frankfurt? Kennt jeder. Flughafen, Skyline, Eintracht. Unter uns: Dass Frankfurt so viel mehr ist als dieses Dreigestirn, das ist das bestgehütetste Geheimnis dieser Stadt. Aber darum geht es heute nicht. Auch nicht um die Skyline oder die Eintracht. Diesmal geht es um Deutschlands Tor zur Welt. Denn der Flughafen Frankfurt ist mehr als ein Terminal mit Start- und Landebahn. Er ist Arbeitsplatz, Drehscheibe, Treffpunkt, Zankapfel, Verkehrskreuzung, Ausflugsziel, Zeitmaschine, Umschlagplatz, Jobmotor, Standortvorteil, Innovationshub, Debattenlieferant und auch Sehnsuchtsort. Der Flughafen ist ein Teil dieser Stadt – und er schreibt Geschichte(n). Jeden Tag. Und genau davon erzählt dieses Buch.

Bis Anfang 2020 schreibt der Flughafen zudem eine Erfolgsgeschichte. Erstmals 70 Millionen Passagiere, viertgrößter Flughafen Europas, Fracht-Champion auf dem Kontinent, 450 Unternehmen vor Ort, rund 80.000 Beschäftigte. Ein Quell der Superlative, der mit Beginn der Pandemie abrupt versiegte, aber zukünftig wieder sprudeln und an die Erfolgsgeschichte anknüpfen soll. Damit keiner im Irrgarten aktueller Zahlen verloren geht, beziehen sich die meisten Daten im Buch auf den Stand 2019.

Jetzt aber genug der Sicherheitshinweise und Flugvorbereitungen. Boarding completed. Die Reise am und um den Frankfurter Flughafen herum kann beginnen.

FASTEN YOUR SEATBELT –
NONSTOP DURCH DIE REISE-GESCHICHTE(N)

DAS TOR ZUR WELT

Für die Junkers Ju 52 war es ein Katzensprung, als sie am 8. Juli 1936 über Frankfurts Dächer hinweg propellerte. Aber der Flug markierte gleich zwei Zäsuren in Frankfurts Stadtgeschichte. So endete an diesem Tag die kurze, glanzvolle Passagierflughafen-Karriere des Geländes am Rebstock, als die Ju 52 abhob. Und mit ihrer Landung auf dem neu erbauten »Flug- und Luftschiffhafen« begann die Erfolgsgeschichte des heutigen Flughafen Frankfurt.

Seit 1912 firmierte der »Luftschiffhafen am Rebstock« als offizieller Landeplatz für Zeppeline. Als dort am 2. Juli 1924 die neu gegründete Südwestdeutsche Luftverkehrs AG – die Ur-Vorgängerin der heutigen Fraport AG – ihren Betrieb aufnahm, klangen die Pläne des Konsortiums ähnlich ambitioniert wie die der heutigen Start-Ups, die in Flugtaxis das Fortbewegungsmittel der Zukunft sehen. Reisen mit Propellermaschinen waren damals eher Adventure-Trips für Wagemutige, eine Massenabfertigung inklusive Bord-Entertainment und Tomatensaft lag noch in weiter Ferne. Ja, es gab die luxuriös ausgestatteten Zeppeline. Wer jedoch in eine Junkers oder Focke-Wulf stieg, hatte, vorsichtig formuliert, ein Erlebnisticket gebucht (siehe auch »*Boarding completed*«). Die Frankfurter Kaufleute und Unternehmen, die Kommune sowie der Flugzeugbauer Junkers glaubten dennoch an diese neue Form des Reisens und investierten zusammen 400.000 Reichsmark, um ab 1924 den planmäßigen Passagierflugverkehr in Rhein-Main anzukurbeln, unter anderem mit München und Berlin als Destinationen.

Im ersten Jahr wurden 234 Starts und Landungen mit insgesamt 536 Fluggästen am »Flughafen Frankfurt-Rebstock« notiert. Ein Jahr spä-

Moderne Architektur für den Weltflughafen Rhein-Main.

ter hatten sich diese Zahlen bereits verzehnfacht. Den Verantwortlichen dämmerte: Das wird größer. Viel größer. So suchte und fand man den heutigen Standort am neuen Autobahnkreuz (Frankfurter Kreuz), einem weiteren Prestigeprojekt der damaligen Zeit.

Den Passagieren bot sich ab 1936 zuweilen ein kurioses Bild auf dem neuen »Flug- und Luftschiffhafen«. Zwar verbreiteten das helle Empfangsgebäude und der sechsgeschossige Tower mit ihrer modernen Architektur einen Hauch von Großstadtflair. Doch wer auf dem Rollfeld ausstieg, dem wehte oft genug dezenter Schafsgeruch in die Nase. »In dieser Zeit glich der Flughafen noch sehr einem landwirtschaftlichen Betrieb. Das Flugfeld wurde mit Schafen beweidet und die Abstandsflächen durch Kartoffelanbau von Gehölzaufwuchs freigehalten«, berichtet Markus Grossbach vom Fraport-Archiv. Dennoch adelte die Frankfurter Zeitung den neuen Flughafen als »Tor zur

So reiste man 1935: Passagiere steigen aus einer Ju 52 aus.

Welt« und verkündete kühn: »Wir stehen sicherlich am Anfang einer noch nicht abzusehenden Entwicklung.« Ähnlich verzückt reagierte die Zeitschrift *Die Woche* auf den »Weltflughafen Rhein-Main«.

Die Bevölkerung pilgerte zu Tausenden zur Eröffnung. Zwar inszenierten die Nationalsozialisten das Ereignis als hakenkreuzgeschmücktes Spektakel. Doch die Frankfurter ignorierten den propagandagetränkten Infrastrukturpopanz. Dies war ihr Flughafen. Dies war ihr Tor zur Welt. Von hier aus konnten sie sich in die Ferne träumen, erst recht, wenn in den Folgejahren die Gegenwart zu rau wurde.

Im Juli 1936 wurde der neue Flughafen eröffnet.

Und träumen konnte man, wenn der »Hindenburg«-Zeppelin über Frankfurts Dächer hinweg schwebte. Für ihn und sein Schwesterschiff hatte man extra die damals größten Luftschiffhallen der Welt in Frankfurt gebaut. Die Explosions-Katastrophe im US-amerikanischen Lakehurst im Mai 1937 mit 36 Toten bedeutete jedoch das jähe Aus für die majestätischen Giganten. Die Passagier-Luftfahrt boomte trotzdem. Im ersten Geschäftsjahr flogen 58.010 Passagiere von »Rhein-Main«, ein Jahr später waren es schon mehr als 70.000. Doch dann begann der zweite Weltkrieg, die zivile Luftfahrt lag am Boden. Der Weltflughafen diente fortan als Fliegerhorst Rhein-Main, bis im März 1945 die Amerikaner kamen und ihn zu ihrem ›Gateway to Europe‹ erkoren. Dieses Tor sollte sich erst 1950 für alle Passagiere wieder öffnen.

FLUGHAFEN-GESCHICHTE II

BOARDING COMPLETED

Sind Sie schon einmal geflogen? Dann nehmen Sie doch noch einmal in Gedanken kurz Platz. So, und jetzt stellen Sie sich vor, es gibt keinen gepolsterten Sitz, keine Armlehnen, keinen Klapptisch und kein Bordmagazin. Es gibt auch keine dämmende Kabinenverkleidung, kein Leselicht und keine Fenster. Den Mantel lassen Sie besser an, Fliegerbrille und Kopfbedeckung könnten ebenfalls nicht schaden. Und Glückwunsch, Sie sitzen für Ihr Fünf-Dollar-Ticket direkt neben dem Piloten! So war das damals am 1. Januar 1914, beim ersten Linienflug der weltweiten Luftfahrtgeschichte mit Start im US-amerikanischen St. Petersburg und Landung 23 Minuten später in Tampa. Was unspektakulär klingt, sollte die Geburtsstunde einer Branche werden, die 2019 rund 838 Milliarden Dollar umsetzte und weltweit 4,5 Milliarden Passagiere transportierte. Tampas Bürgermeister war damals der erste zahlende Passagier, den Pilot Anthony Jannus mit seiner »St. Petersburg-Tampa Airboat Line« an Bord des Flugboots Benoist XIV beförderte.

Nur zehn Jahre zuvor war den Gebrüdern Wright der erste kontrollierte Motorflug im 830 Meilen weiter nördlich gelegenen Kitty Hawk gelungen. Und obwohl sie damit einen der kühnsten Menschheitsträume überhaupt – zu fliegen – wahr werden ließen, hätten sie wahrscheinlich nur ungläubig den Kopf geschüttelt, wenn man ihnen erzählt hätte, wie rasant sich die Luftfahrt entwickeln würde mit immer größeren, luxuriöseren Flugzeugen sowie einem immer globaleren Flugverkehr.

Denn auch das darf man nicht vergessen: Die kleineren Propellermaschinen, die Wrights »Flyer« zügig folgten, galten zwar als aero-tech-

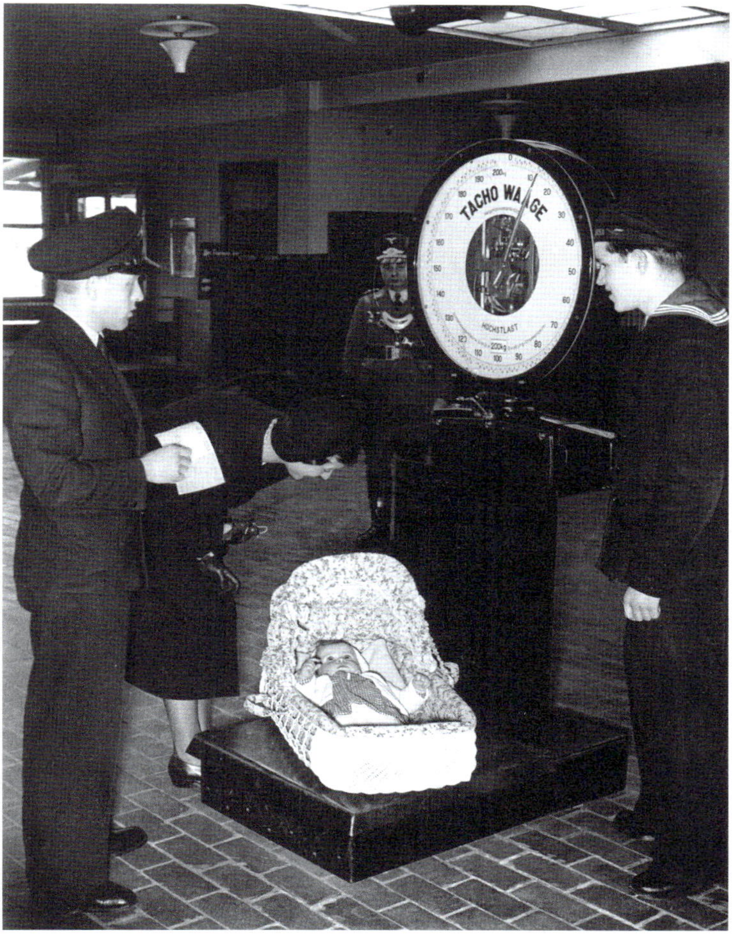

Um eine Überladung zu vermeiden, wurden die Passagiere gewogen.

nischer Fortschritt, blieben aber Transportmittel für Unerschrockene. Es war nicht immer allein die Kälte in eisigen Flughöhen, weshalb die Fluggäste mit zitternden Knien ausstiegen; oft genug endete der Flug mit einer Bruchlandung auf dem Feld. Um eine Überladung zu vermeiden, wurden zudem die Passagiere vor dem Einsteigen gewogen – und das Gewicht diskret notiert sowie an den Piloten weitergereicht.

Deutlich komfortabler reiste man zu der Zeit mit dem Zeppelin, doch dieser Luxus hatte erst recht seinen Preis. Rund 800 Dollar kostete damals zum Beispiel die Hin-und Rückfahrt mit dem Luftschiff »Hindenburg« nach New York – umgerechnet wären das heute rund 13.000 Dollar. Dafür wurde den Passagieren noble Salonatmosphäre mit Butler-Service, frisch zubereiteten Menüs sowie Pianomusik geboten. Die Abwechslung war nötig, schließlich dauerte die Übersee-Reise fast drei Tage (siehe auch »*Elegante Riesen*«).

Welch Quantensprung bedeutete die geräumige Ju 52, konstruiert von Hugo Junkers! Das Ganzstahlflugzeug mit der charakteristischen Wellblechverkleidung war beheizt und hatte sogar eine sehr reduzierte Form des Bord-Entertainments für die 15 Passagiere: Höhenmesser, Flugkarten und Thermometer. Aber noch viel wichtiger: Die Ju 52 galt als robust und vertrauenserweckend. Solides Mobiliar, Gardinen an den Fenstern und frisch gebrühter Kaffee an Bord sollten Wohnzimmeratmosphäre vorgaukeln. Seht her, Flugreisen sind so unbedenklich wie ein Sonntagsausflug! Die Stewardessen waren ausgebildete Krankenschwestern und wussten deshalb bei Angstattacken, Schwindelgefühlen (Passagierflugzeuge mit Druckkabinen wurden erst ab 1940 serienreif gebaut) und Magenproblemen zu helfen.

Eine Lockheed L-1649A parkt vor dem Terminal.

Nach dem zweiten Weltkrieg startete der Passagierverkehr endgültig durch. Zwischen 1950 und 1960 verelffachten sich allein in Frankfurt die Passagierzahlen auf 2,17 Millionen. Einen nicht unerheblichen Anteil daran hatten auch neue, moderne Flugzeugtypen wie die Lockheed L-1049 Super Constellation, die mit ihren Flottenschwestern in den 50er Jahren die Luftfahrt prägte. »Legende der Lüfte« wird die Superconnie bis heute genannt, eine Luftfahrt-Ikone mit Star-Appeal und verehrt wie Prinzessin Diana oder Lady Gaga. Wer sie live gesehen hat, rühmt ihre Eleganz und schwärmt von ihrer schlanken Silhouette. Doch auch sie musste dem Fortschritt Tribut zollen, als in den 60er Jahren das Zeitalter der Düsenjets begann. Am 9. Februar 1969 trat mit der Boeing 747-100, besser bekannt als »Jumbo«, die nächste Stilikone der Luftfahrtgeschichte ihren Siegeszug an und die Passagierzahlen in Frankfurt schnellten binnen zehn Jahren von neun Millionen auf 17,6 Millionen hoch.

ZEPPELIN-MUSEUM

ELEGANTE RIESEN

Heute brüten Experten wochenlang über einem Produktnamen, schleifen hier, hobeln da, jagen das Ergebnis durch zig Probanden-Tests und präsentieren dann einen perfekt geklöppelten, aber seelenlosen Kunstbegriff. Ferdinand Graf von Zeppelin lag sowas gänzlich fern. Das Luftschiff, das er ab 1899 baute, nannte er – Zeppelin. Immer nur Zeppelin. Sorgfältig durchnummeriert von Luftschiff Zeppelin (LZ) 1, das 1900 abhob, bis LZ 131, dessen Bauteile 1940 zerstört wurden. Folglich heißt auch das Gebäude im Neu-Isenburger Stadtteil Zeppelinheim schlicht Zeppelin-Museum. Wer dem Charme dieser Ausstellung nicht erliegt, der hat kein Fliegerherz. Und man wünscht sich, jemand würde wie der Graf noch einmal alles Geld zusammenkratzen, um diesen Mythos an den Himmel zurückzuholen.

Denn mal ehrlich – das Luftschiff, das heute ab und zu hübsch bepinselt über Frankfurt hinwegschwebt, hat wenig gemeinsam mit den Giganten, die einst sogar im Linienbetrieb verkehrten. 246,70 Meter lang! 44,70 Meter hoch! Selbst das größte Passagierflugzeug der Welt, der Airbus A380 (72 Meter lang, 24 Meter hoch), schrumpft da zum Zwerg. Der neue Flughafen in Frankfurt hieß übrigens zu Beginn ganz bewusst »Flug- und Luftschiffhafen Rhein-Main«. Hier war die Basis der größten Zeppeline. Die Mitarbeiter der »Deutschen-Zeppelin-Reederei« wohnten in der benachbarten, ebenfalls neu erbauten Gemeinde Zeppelinheim.

Das führte dazu, dass der Flughafen gleich zwei Mal eröffnet wurde. Einmal offiziell am 8. Juli 1936 (siehe auch »*Tor zur Welt*«). Aber bereits am 14. Mai 1936 hatten sich Tausende auf dem Flugplatz versammelt, um auf keinen Fall die Premierenlandung des Luftschiffs

LZ 129 »Hindenburg« zu verpassen. Am Steuer stand kein Geringerer als Kapitän Hugo Eckener. Der hochdekorierte Luftfahrt-Pionier hatte im Oktober 1924 erstmals nonstop in drei Tagen mit einem Zeppelin den Atlantik überquert. Die Idee eines Linienverkehrs zwischen Nord- beziehungsweise Südamerika und Europa war geboren. Doch Eckener galt als Kritiker des NS-Regimes. Die Machthaber wollten partout verhindern, dass die Eröffnung des symbolträchtigen Flughafen-Großprojekts mit seinem Namen verknüpft sein würde. Also fand die offizielle Einweihung zwei Monate später statt. Wer jetzt ins Grübeln kommt: Ja, genau, das ist der Hugo Eckener, nach dem der vielbefahrene Ring an Terminal 1 und Terminal 2 benannt wurde.

Doch zurück ins Museum, das in Ansätzen die voluminösen Ausmaße der Zeppeline begreiflich macht und einem zudem längst verschlossene Türen öffnet, zumindest virtuell, wenn man sich traut, die VR-Brille aufzusetzen und die Passagierkabinen zu erkunden. Welche Eleganz, welch Luxus! Gepolsterte Stühle, Kellner in Livree, ein Stutzflügel aus Aluminium, das Menü in der Bordküche frisch zubereitet. Und zwischendurch ein Blick aus einem der geöffneten Panoramafenster aus rund 600 Metern Höhe auf den Atlantik. Wo das alles hinpasste? In die untere Rundung des Flugkörpers! Dort war eine Art Unterdeck eingezogen mit Salons, Waschräumen, Kabinen und Mannschaftsquartieren. Allein 1936 reisten 3.700 Passagiere mit den Zeppelinen nach Süd- und Nordamerika, Durchschnittsgeschwindigkeit immerhin rund 100 km/h.

Das Porzellanservice, von dem sie damals speisten, existiert noch heute, ebenso Artefakte, die nach der Katastrophe von Lakehurst aus den Flammen gerettet werden konnten. Ja, auch das gehört zu Legenden, sie enden meistens tragisch. Es wurde nie abschließend

Die USS Akron, hier bei der Fahrt über Manhattan, war zu Beginn der 1930er Jahre das größte Luftschiff der Welt.

geklärt, warum am 6. Mai 1937 die wasserstoffgefüllte Hülle der »Hindenburg« explodierte. 35 Menschen (13 Passagiere und 22 Crewmitglieder) starben, 62 Menschen konnten sich retten. Der Linienbetrieb wurde sofort eingestellt.

Nachdem Eckeners Versuche, das ungefährlichere Helium aus den USA zu importieren, gescheitert waren, lieferte der Beginn des Zweiten Weltkriegs den Nationalsozialisten den letzten Grund, den unbequemen Widersacher loszuwerden. Die Zeppeline wurden zerstört und die imposanten Wartungshallen am Flughafen Frankfurt gesprengt. Symbolpolitik mit der Abrisskeule. Hugo Eckener, der stets den friedlichen und völkerverbindenden Aspekt der Luftfahrt betont

Die Graf Zeppelin und ein amerikanisches Schwesterschiff parken im Hangar von Lakehurst.

hatte, war es nur recht: »Die Gedankenwelt um die Zeppelin-Idee des alten Grafen und jene um die Idee Hitlers waren in ihrem innersten Kern unverträglich miteinander.«

Ob die Zeppeline heute noch fahren würden? Wären sie spätestens im Zeitalter der Düsenjets eingemottet, verschrottet oder dauerhaft am Landemast festgezurrt worden? Wer weiß. So bleiben nur ein paar grobkörnige Schwarzweiß-Filme und ein kleines, aber feines Museum, das von den eleganten Giganten erzählt.

KZ-AUSSENSTELLE WALLDORF

SAY THEIR NAMES

Dieser Ort am Rande von Walldorf ist Deutschland »in a nutshell«. Er erzählt vom dunkelsten Kapitel dieses Landes, von Tod, Demütigung und unvorstellbarem Leid. Er erzählt aber auch von Menschen aus aller Welt, die sich hier die Hand reichten und bis heute ein berührendes, ein kraftvolles »Nie wieder« besiegeln. Dieser Ort schmerzt und gibt dennoch Hoffnung. Steigen wir also hinab in die freigelegten Überreste des Kellers der KZ-Außenstelle Walldorf, der wie so vieles in Deutschland nach dem Kriegsende einfach verschwand. Überwuchert, verdrängt, vergessen.

Hier, in der Außenstelle des elsässischen KZ Natzweiler, waren vom 22. August bis 24. November 1944 rund 1.700 ungarische Jüdinnen untergebracht. Sie wurden als Zwangsarbeiterinnen auf dem Flug- und Luftschiffhafen Rhein-Main eingesetzt und bauten unter anderem die erste Betonbahn. Sie lebten in Baracken auf engstem Raum, litten Hunger und trugen bis in den kalten Herbst die Sommerkleider, die sie bei ihrer Verhaftung und Deportation anhatten. Umgeschneiderte Zementsäcke dienten als Ersatzkleidung. Krankheiten grassierten, die Arbeit war anstrengend, das Wachpersonal ahndete kleinste Vergehen mit schlimmster Zucht. Im Keller unter der Küchenbaracke prügelten sie einige Häftlinge zu Tode. Im November 1944 wurde das Lager geschlossen und die Inhaftierten ins KZ Ravensbrück gebracht.

Vielleicht würden die nach dem Krieg eilig gepflanzten Bäume das Areal bis heute überwuchern und verbergen. Doch 1972 entdeckten drei junge Männer aus Mörfelden-Walldorf bei einer Studienfahrt ins ehemalige KZ Buchenwald zu ihrer Verblüffung den Namen Walldorf auf einem Plan, auf dem alle Außenlager eingezeichnet waren. Zurück in Hessen begannen sie, Fragen zu stellen. Aber auch das war Deutschland »in a nutshell«. Ein Lager? Hier? Bei uns vor der Tür? Nie gehört, nie gesehen. Und jetzt lasst das Wühlen im Dreck.

Die drei Jungs ließen es jedoch nicht. Sie kontaktierten Archive, sammelten Dokumente und gruben immer tiefer, bis sie tatsächlich auf Mauerreste im Waldboden stießen. Doch es musste erst ein amerikanischer Armee-Reporter im November 1978 einen Artikel über das Trio und seinen Fund veröffentlichen, damit sich die Stadt diesem Teil ihrer Vergangenheit stellte. Das tat sie dann gründlich. Einem Gedenkstein folgte im Jahr 2000 ein historischer Lehrpfad mit Informationstafeln, auf denen bis heute bedrückende Erinnerungsberichte von Frauen und Mädchen, die dort inhaftiert waren, nachzulesen sind. 19 ehemalige Insassinnen waren damals auf Einladung der Stadt Mörfelden-Walldorf, der Stadt Frankfurt sowie der Flughafen-Betreibergesellschaft aus Israel, Ungarn, Schweden und den USA zur Eröffnung gekommen. Sie kehrten an den Ort des Grauens zurück, um ihre Erinnerungen zu teilen. Oder um schweigend einen inneren Frieden zu finden.

Wer sich heute dem Gelände nähert, kann die Gedenkstätte nicht verfehlen. Ein großer, abgeschrägter Glaspavillon schützt den mittlerweile vollständig freigelegten Küchen- und Folterkeller. Jugendliche aus aller Welt waren seit 2005 im Rahmen eines Projekts der Margit-Horváth-Stiftung nach Deutschland gereist und hatten mitgeholfen, den Waldboden abzutragen sowie den Erinnerungsort zu gestalten. Margit Horváth gehörte zu den wenigen Überlebenden des Lagers, ihr Sohn spendete das Entschädigungsgeld, das seine Mutter erhielt, als symbolischen Grundstock für die Stiftung.

Wo einst drei junge Hessen im Wald die Mauerreste der Küchenbaracke freilegten, steht heute der Erinnerungspavillon.

Das 2016 eröffnete Museum zeichnet auf den Fensterflächen nicht nur die Geschichte dieses Ortes nach. #saytheirnames – heute fordert dieser Hashtag dazu auf, nach furchtbaren Anschlägen wie in Hanau die Namen der Opfer zu nennen, wieder und wieder, damit sie nicht als namenlose Zahl verblassen, als Menschen ohne Leben, ohne Geschichte, ohne Widerhall. Say their names: Auf der Glasfassade des Museums sind sämtliche Namen aller Frauen und Mädchen aufgeführt, die dort einst inhaftiert waren. Manche mit Bild, manche mit einer kurzen Biographie. So viele Leben, so viele Geschichten, so viele Stimmen, die früh, viel zu früh für immer verstummt sind. Nur 350 der 1.700 Mädchen und Frauen aus dem Außenlager Walldorf erlebten das Ende des Krieges und ihre Befreiung.

2,1 MILLIONEN TONNEN HOFFNUNG

Die Geschichte, die dieser Ort erzählt, wird umso unbegreiflicher, je länger sie zurückliegt. Eine Stadt, mehr als zwei Millionen Einwohner, abgeschnitten von allen Versorgungswegen zu Wasser und zu Land. Kein Mehl, keine Milch, keine Kohlen, kein Zement, keine Dachziegel, keine Butter, keine Medikamente, kein Fleisch, kein Papier. Es war ein perfides, ein mittelalterliches Kalkül, das Moskaus Alleinherrscher Josef Stalin im Juni 1948 zu dieser Blockade trieb. Der Westteil Berlins sollte dafür büßen, dass die Briten, Amerikaner und Franzosen mit der gemeinsamen Währungsreform in ihren drei Besatzungszonen Tatsachen geschaffen hatten. Aushungern, zermürben, demoralisieren. Und dann einverleiben. So dachte Stalin. Elf Monate später war es der sowjetische Diktator, der entnervt und zermürbt aufgab.

Das Luftbrückendenkmal im Süden vom Frankfurter Flughafen erinnert seit 1985 an diese einzigartige und bisher größte Hilfsaktion der Luftfahrtgeschichte, die zugleich die Beziehung zwischen den Deutschen und westlichen Alliierten fundamental veränderte. »Whatever it takes« – mit diesen Worten werden heute Währungen gerettet. Damals waren es Menschenleben. Und der Glaube an das Gute im Menschen, trotz eines furchtbaren Kriegs, der halb Europa verwüstet und, angesichts der deutschen Verbrechen in den Konzentrationslagern, gerade diesen Glauben bis ins Mark erschüttert hatte.

Die Idee klang ebenso verrückt wie absurd. Man kann nur erahnen, wie entgeistert die restlichen Beteiligten Lucius D. Clay angestarrt haben müssen, als ihnen der Militärgouverneur der amerikanischen Zone erläuterte, was er vorhatte. Eine Luftbrücke, ein Flugbetrieb im Fließbandsystem, permanent, rund um die Uhr, zwischen Frankfurt,

Das Luftbrückendenkmal im Süden vom Frankfurter Flughafen wurde 1985 eingeweiht.

Celle und Hamburg sowie den Berliner Flughäfen Gatow, Tempelhof und Tegel (das schlichte Betondenkmal mit den drei Zacken symbolisiert die drei Luftkorridore).

Was man nicht vergessen darf: Den Amerikanern, Briten und Franzosen standen keine XXL-Frachter zur Verfügung, die heute locker 130 Tonnen und mehr transportieren. Damals gab es nur Flugzeugtypen wie die Douglas C-54, die neben der »Hungerharke« steht. Maximal fünf Tonnen passen hinein. Allein von der Frankfurter Rhein Main Air Base startete alle drei Minuten eine Maschine, vollgepackt mit Lebensmitteln, Medikamenten und Kohle, Kohle, Kohle zum Heizen und Stromerzeugen. In Berlin propellerten die Maschinen im 90-Sekunden-Takt über die Dächer hinweg. Am Ende sollten es 280.000

Mit Bildern und Briefen bedankten sich die Berliner Kinder bei den Piloten.

Flüge werden, die trotz Blockade 2,1 Millionen Tonnen Hilfsgüter in die Stadt brachten. Bei Wind und Wetter, Nebel, Eis und Schnee. Mehr als 80 Menschen starben bei der Hilfsaktion.

So, und zu dieser Geschichte gehört natürlich auch Gail Halvorsen. Der US-Pilot sah die Kinder von Berlin, in Trümmern spielend, auf die Flugzeuge wartend. Hoffnungsvoll und dennoch ohne Freude im Blick. Also bastelte er kleine Taschentuch-Fallschirme und ließ fortan Schokolade zu Boden segeln. Aus dem »Candy-Bomber« wurde bald »Onkel Wackelflügel« – wenn eines der Flugzeuge mit den Tragflächen wackelte, wussten die Kinder, dass die nächste Schoko-Ladung im Anflug war. Als die Medien davon Wind bekamen und berichteten, gab es statt Ärger mit den Vorgesetzten tonnenweise Süßigkeitenspenden aus allen Teilen der USA. Die liebevoll gemalten und handgeschriebenen Dankesbriefe von Berliner Kindern für die Piloten zählen bis heute zu den kostbarsten Raritäten des Fraport-Archivs. Der Candy-Bomber hat allerdings nur indirekt zu dem noch heute gängigen Begriff »Rosinenbomber« beigetragen: Der Platz in den Maschinen war rar und eigentlich strikt für lebensnotwendige Güter reserviert. Doch nach sechs Monaten Blockade stand Weihnachten vor der Tür. So schaufelten die Briten ihre Laderäume leer und sorgten mit einer kompletten Ladung Rosinen für vorzeitiges Bescherungsglück in der leidgeprüften Stadt.

VON BRIEFTAUBEN UND WALEN

Heute schicken wir Bilder oder Dokumente mit einem Mausklick um die Welt. Doch es gab Zeiten, da dauerte es zehn Tage, bis ein Brief aus Frankfurt in New York im Briefkasten landete. Ganz zu schweigen von Post nach Australien, die durchaus einen Monat unterwegs sein konnte. Jahrhundertelang beschränkte sich alles auf diese Transportwege: zu Lande und zu Wasser (Brieftauben, Eulen und Raben natürlich ausgenommen). Mit der Erfindung des Flugzeugs wurde auch die Geschichte der Luftpost neu geschrieben. New York war nur noch 24 Stunden entfernt, Sydney vier Tage.

Der erste offizielle Luftpost-Flug fand 1911 in Indien statt. In Deutschland schickte wenig später ein gelber Hund die Brieftauben in Rente: 1912 flog Ferdinand von Hiddessen mit einem Euler-Doppeldecker, wegen seiner gelben Tragflächen auch »Gelber Hund« genannt, rund 40 Kilo Post von Frankfurt-Niederrad nach Darmstadt. 1924 wurde Frankfurt offiziell ans europäische Luftpostnetz angebunden, ein Jahr später verzeichnete man hier 7.000 Kilo Luftpost. Heute ist Frankfurt mit rund 100.000 Tonnen im Jahr das größte Luftpostzentrum Europas. Am Tag werden zwei Blauwale durch das Airmail Center Frankfurt (und die Dependance in München) geschleust – 400 Tonnen entsprechen ziemlich exakt der täglichen Menge Luftpost.

Aber wie reist Luftpost? Schauen Sie dort, die Maschine auf dem Vorfeld ist gerade gelandet, die Frachtraum-Luken sind bereits geöffnet. Große Säcke mit Briefen, Paketen und Päckchen warten aufs »Umsteigen«, lose oder in Containern gestapelt. Dazu müssen sie ins Airmail Center gleich neben dem Internationalen Postzentrum der Deutschen Post. Hellgraue Fassade, knallrotes Logo – das Airmail Center

Post-Verladung in den 60er Jahren.

Frankfurt, 1997 gegründet, ist als Joint Venture des Flughafenbetreibers Fraport, der Lufthansa Cargo und der Deutschen Post ein weltweit einmaliges Konstrukt. Denn für die Beförderung von Briefen und Paketen sind grundsätzlich die nationalen Postgesellschaften zuständig. Für den globalen Weitertransport sind sie jedoch auf die Fluggesellschaften angewiesen. In Frankfurt übernimmt der Flughafenbetreiber eine Schnittstellenfunktion und stellt zum Beispiel Betriebsflächen zur Verfügung. Fraport-Beschäftigte kümmern sich zudem um den Warenverkehr zwischen Flugzeug und Verteil-Center. Denn noch immer wartet unser Postsack auf seine Weiterreise – und diese zeigt teilweise Parallelen zum Passagierverkehr.

Nach dem Sicherheitscheck in der Röntgenkontrolle rattern bis zu 2.500 Poststücke pro Stunde auf Schalen über eine weitverzweigte Sortieranlage. Von November bis Mitte Januar können es sogar rund 3.300 sein, viele von ihnen weihnachtlich geschmückt. Das Fest der Liebe materialisiert sich. Öffnen dürfen die Mitarbeiter die einzelnen Säcke nicht – Postgeheimnis.

Eine sogenannte Postfahne samt Barcorde ist an jedem Sack befestigt. Per Barcode-Scan identifiziert das System jeden Postsack und kippt ihn je nach Zielflughafen in große, offene Behälter, den jeweiligen Zielspeicher.

Etwa zwei Stunden vor dem Abflug meldet sich die IT: Zeit fürs Boarding! Schon steuert der Transportwagen den Zielspeicher an und es geht zurück aufs Vorfeld, wo bereits die nächste Maschine wartet. Luke auf, Postsack rein, tschüss Frankfurt. Vier Stunden dauert im Durchschnitt der Aufenthalt, Priority-Post geht noch schneller. Die Deutsche Post empfiehlt übrigens, auch heute noch bei Briefen ins

Frankfurt gilt heute als das größte Luftpostzentrum Europas.

Ausland den blauen Priority-Aufkleber zu verwenden oder einen entsprechenden Vermerk auf den Umschlag zu schreiben. Nur so sei sichergestellt, dass die Sendung im Ausland »prioritaire«, das heißt auf dem schnellsten Weg, befördert werde. Klar, eine Mail ist schneller – aber ein Brief per Hand geschrieben durchaus das Warten wert.

DAS DORF IM WALD

Heute, 40 Jahre später, liegt ein kühles Schweigen über der 4.000 Meter langen Piste, als ob der Ort vergessen will, welche Gegensätze einst hier aufeinanderprallten. Aber vergessen ist nichts. Um den Bau der Startbahn West zu verhindern, hatte sich in den 1970er und 1980er Jahren eine der größten Bürgerbewegungen in Deutschland formiert. Auf dem Höhepunkt im November 1981 mobilisierte sie mehr als 120.000 Menschen, die vor dem Landtag in Wiesbaden gegen den Flughafenausbau protestierten. Hüttendorf, Küchenbrigade, Startbahn-Mauer, Sonntagsspaziergang – bevor wir noch einmal in den Wald zurückkehren, der heute nicht mehr steht, muss kurz die Vorgeschichte erzählt werden.

Das Hüttendorf im Wald stand im Zentrum der Protestaktionen.

Alles begann 1965 mit einem Antrag des Flughafenbetreibers, der angesichts deutlich steigender Passagierzahlen und drohender Kapazitätsengpässe eine neue Startbahn bauen wollte. (So viel sei schon jetzt vorweggenommen: 19 Jahre später, als das erste Flugzeug am 12. April 1984 von der Startbahn abhob, waren die Passagierzahlen von 4,9 Millionen auf 18,8 Millionen hochgeschnellt). Die sozialliberale Landesregierung unterstützte das Projekt, auch in Erwartung Tausender neuer Arbeitsplätze, von Anfang an. Doch beide hatten die Rechnung ohne ihre Bürger gemacht. Diese führten aus Sorge um die wachsende Umweltzerstörung ökologische Bedenken gegen den wirtschaftlichen Nutzen ins Feld. Unser Wald, unsere Heimat. »Ich will mir später nicht vorwerfen lassen, nichts getan zu haben.« Ein Satz, der heute zum Standard-Repertoire jedes Fridays-for-Future-Teilnehmers zählt, kündete von den keimenden Anfängen eines gesamtgesellschaftlichen Umweltbewusstseins.

In den folgenden Jahren reichten die Gegner mehr als 100 Klagen ein, um den Bau der Startbahn West und damit die Rodung von 300 Hektar Wald zu verhindern. Vergeblich. Mit der Entscheidung des Hessischen Verwaltungsgerichtshofs im Oktober 1980 war der juristische Weg beendet.

Der Protest vor Ort hatte gerade erst begonnen. Nur zur Erinnerung: Es gab damals keine Protestroutine oder Demo-Strukturen, geschweige denn Facebook-Gruppen oder andere digitale Messenger-Dienste, mit denen man die Massen binnen Stunden hätte mobilisieren können. Handkopierte Flugblätter und Plakate mussten reichen sowie eine Informationshütte, die erste auf dem Gelände, in der die Bürgerinitiative ein analoges Pendant zu heutigen Webseiten schuf. Nach und nach entstanden bis zu 60, zum Teil bewohnte

Seit April 1984 starten die Flugzeuge auch von der Startbahn West.

Hütten, um schnell reagieren zu können, sollten die Rodungsmaschinen anrücken. Zudem kamen regelmäßig tausende Menschen – junge Familien, Studenten, Rentner, Arbeiter –, um die Hüttenbewohner zu unterstützen, während im Hintergrund ein letztes juristisches Aufbäumen scheiterte. Nicht immer verliefen die Proteste friedlich. Ja, es gab die Hausfrauen aus Mörfelden-Walldorf, die sich zur sogenannten Küchenbrigade zusammengefunden hatten und die Dorfbewohner im Wald versorgten. Aber es gab auch eine zunehmend gewaltbereite Protest-Klientel, die frustriert war angesichts der unverbrüchlichen Koalition aus Politik und Wirtschaft.

Am 2. November 1981 wurde das Hüttendorf geräumt und der Polizei, zum wiederholten Mal, vorgeworfen, ebenfalls mit unnötiger Härte gegen die Ausbaugegner vorgegangen zu sein. Zwei Wochen später folgte die zu Beginn erwähnte Groß-Demonstration in Wiesbaden. Doch im Frühjahr 1982 lehnte der Hessische Landtag den Antrag auf ein Volksbegehren ab. Die 400.000 Bäume waren nicht mehr zu retten. Resigniert und politikverdrossen packte die Bewegung ihre Transparente ein. Das Engagement bröckelte. Anfangs trafen sich noch Tausende zu den Sonntagsspaziergängen an der Startbahn-Mauer, die mittlerweile das gesamte Baugelände schützte. Bald waren es nur noch ein paar Hundert. Die Stimmung kippte. Autonome Aktivisten lieferten sich immer heftigere Auseinandersetzungen mit der Polizei, Barrikaden brannten, Steine und Molotowcocktails flogen.

Auch am 2. November 1987, dem sechsten Jahrestag der Hüttendorfräumung, standen sich Einsatzkräfte und Krawallmacher gegenüber. Dann fielen die Schüsse. 14-mal, so steht es später in den Akten, hatte der Tatverdächtige auf einer Wiese im Süden der Bahn auf Polizisten geschossen. Hauptkommissar Klaus Eichhöfer und Polizeimeister Thorsten Schwalm wurden tödlich getroffen, sieben weitere Beamte zum Teil schwer verletzt. Deutschland stand unter Schock: Erstmals waren Polizisten bei einer Demonstration gestorben. Der Täter, Mitglied einer militanten Gruppe, konnte bereits einen Tag später verhaftet werden und wurde wegen zweifachen Totschlags zu 15 Jahren Haft verurteilt sowie ein weiterer Mittäter zu vier Jahren.

„In dieser Nacht ist ein Tabu verletzt worden«, konstatierte Joschka Fischer, damals Fraktionsvorsitzender der hessischen Grünen. Zutiefst bestürzt reagierten auch die Ausbaugegner und beendeten umgehend jede weitere Form des Protests. Der Kampf war vorbei. Das Gefühl, im umweltpolitischen Bewusstsein der Menschen etwas in Gang gesetzt zu haben, aber blieb.

ZERSPLITTERTE SICHERHEIT

Brüssel im März 2016. Am Flughafen sowie in einer Metrostation der belgischen Hauptstadt explodieren mehrere Bomben. 32 Menschen sterben. Istanbul im Juni 2016. Drei Selbstmordattentäter sprengen sich am Flughafen Atatürk in die Luft. 41 Menschen werden getötet. Am Frankfurter Flughafen legt sich anschließend eine nervöse Wachsamkeit über den üblichen Terminaltrubel. Die ohnehin hohen Sicherheitsmaßnahmen werden noch einmal verschärft, Polizistinnen und Polizisten mit Maschinengewehren patrouillieren häufiger durch die Hallen. In Erinnerung geblieben ist aber auch die sachliche Gelassenheit, mit der damals ganz unterschiedliche Gesprächspartner auf das eigene Unbehagen reagierten. Tenor: Wir wissen, dass

Ein Bombenanschlag verwüstete im Juni 1985 die Halle B am Flughafen.

Die Bombe, die neben einer Sitzgruppe explodierte, riss ein Loch in den Terminalboden.

dieser Ort gewisse Risiken birgt. Aber wir fühlen uns sicher. Wir können und wollen uns keinen anderen Arbeitsplatz vorstellen.

Vielleicht war es Glück, vielleicht Zufall, vielleicht auch streng geheimes Fahndungsgeschick, dass Deutschlands größtes Luftverkehrsdrehkreuz in jüngster Zeit von Katastrophen dieser Art verschont wurde. Wobei die Bilder aus Brüssel und Istanbul in einigen Büros der Generalbundesanwaltschaft ungute Erinnerungen geweckt haben dürften: zersplitterte Glasfronten, weit verstreute Trümmerteile, verwundete Passagiere und mittendrin im Chaos Ermittlungsbeamte, die nach Beweismitteln suchen. So sah es auch in Frankfurt aus, als am frühen Nachmittag des 19. Juni 1985 in der Abflughalle B von Terminal 1 eine Bombe explodiert war. Zwei Kinder und ein Mann starben, 42 Menschen wurden zum Teil schwer verletzt. Die Wucht der Bombe hatte ein tiefes Loch im Terminalboden hinterlassen.

Mehrere Gruppierungen bekannten sich anschließend zu dem Anschlag. Am Ende landeten mehr als 20 Bekenneranrufe- oder schreiben bei der ermittelnden Sonderkommission, sie reichten von der Tamilischen Befreiungsfront bis hin zu radikalen Umweltschützern. Als ein halbes Jahr später an den Flughäfen in Wien und Rom ebenfalls Bomben explodierten, gelang ein erster Fahndungserfolg. Fortan konzentrierten sich die Ermittlungen auf die Abu-Nidal-Organisation, eine terroristische Splittergruppe der PLO. Offenbar, so die Rekonstruktion, sollte der Sprengsatz vor dem Check-In-Schalter einer amerikanischen Airline detonieren und war zu früh gezündet worden. Zwei Attentäter konnten verhaftet werden, von drei weiteren Tatverdächtigen fehlt bis heute jede Spur.

Nur sieben Wochen nach dem verheerenden Anschlag erschütterte erneut eine Explosion den Flughafen, diesmal allerdings auf dem Gelände der US-Airbase. Am Morgen des 8. August explodierten rund 130 Kilogramm Sprengstoff, die in einem parkenden Auto versteckt waren. RAF-Terroristen hatten einen amerikanischen US-Soldaten im Wald bei Wiesbaden erschossen, seine ID-Karte genommen und konnten so mit dem präparierten Wagen in den eigentlich streng gesicherten Bereich gelangen. Zwei Menschen starben, weitere wurden zum Teil schwer verletzt. Bereits am nächsten Tag traf ein Bekennerschreiben eines RAF-Kommandos bei zwei Presseagenturen sowie der Frankfurter Rundschau ein, in dem vom »revolutionären Kampf in den Metropolen gegen die imperialistischen Machtinteressen der USA« die Rede war. Dass erstmals keine wirtschaftlichen oder politischen Entscheidungsträger starben und obendrein der Tod Unschuldiger auch noch ideologisch verbrämt wurde, sorgte für großen Unmut im RAF-Umfeld. Diesen radikalen Weg wollten viele Sympathisanten nicht mehr mitgehen. Erst ein Jahrzehnt später wurden die RAF-Mitglieder Birgit Hogefeld und Eva Haule gefasst und als Mittäterinnen verurteilt.

Es gab eine weitere Tragödie am Flughafen, die einen traurigen Sonderstatus beanspruchen darf: Am 2. März 2011 geschah hier der erste terroristische Anschlag in Deutschland mit islamistischem Hintergrund. Ein junger Kosovo-Albaner erschoss vor Terminal 2 zwei US-Soldaten und verletzte zwei weitere schwer. Ermittlungen ergaben hinterher, dass der damals 21-Jährige, der seit 1991 in Frankfurt lebte, im Internet in die radikalislamistische Szene samt ihrer unheilvollen Propaganda abgedriftet war. Die amerikanischen Soldaten stiegen gerade in einen Bus, der sie nach Ramstein bringen sollte, als sie der Attentäter in ein kurzes Gespräch verwickelte, dann eine Pistole zog, im Bus um sich schoss und anschließend ins Terminal flüchtete, wo er überwältigt werden konnte. Hätte die Pistole einwandfrei funktioniert, wären wohl noch mehr Menschen umgekommen. Das Oberlandesgericht Frankfurt sprach den Täter ein Jahr später des zweifachen Mordes und dreifachen Mordversuchs schuldig und stellte zudem eine besondere Schwere der Schuld fest.

GLASKLARES STATEMENT

Wanderer, kommst du nach FRA, dann führt kein Weg vorbei an Terminal 2. Besucherterrasse, Food Plaza, Hängende Gärten, Indoor-Spielplatz, SkyLine-Bahn – Fernweh-Träume inklusive. Aber stopp! Vor dem Vergnügen hat das Terminal mehr Aufmerksamkeit verdient. Also treten wir noch einmal zurück und lassen die spektakuläre Glas-Stahlkonstruktion auf uns wirken.

590 Meter lang, 100 Meter breit: Das markante Gebäude ist ein einziges, überdimensionales »Hallo, hier bin ich, der Flughafen Frankfurt, Deutschlands größtes Luftverkehrsdrehkreuz!«. 20 Säulen tragen die riesige Dachkonstruktion aus Stahl, auf denen 7.000 Quadratmeter Glasfläche ruhen. In der Dämmerung, wenn die Grenzen zwischen dunkelndem Außen und lichtdurchflutetem Inneren verschwimmen, merkt man: transparente Klarheit prägt den Entwurf des Frankfurter Architekturbüros jsk. Insgesamt sind hier 29.000 Quadratmeter Glasfassade verbaut. Wie man die putzt? Das ist ein anderes Thema.

Dass geopolitische Ereignisse (oder Pandemien) Planungshorizonte für neue Terminals auf den Kopf stellen können, hat Frankfurt schon einmal erlebt. Als 1986 die ersten Skizzen auf dem Reißbrett entstanden, war die Welt klar geordnet in Ost und West und einer scharfen Linie quer durch den europäischen Kontinent. Bitte jetzt kurz festhalten, es folgt ein Schweinsgalopp durch 15 historische Monate. Im August 1989 rumpelten die ersten Bagger über das Gelände im Osten des Flughafens und trugen Erdschicht um Erdschicht ab. Nur drei Monate später sollte SED-Politbüromitglied Günter Schabowski (die neue DDR-Reiseregelung »tritt nach meiner Kenntnis ... ist das sofort, unverzüglich«) für eine unvergessliche Nacht in Berlin sorgen. Noch-

590 Meter lang, 100 Meter breit: Im August 1989 hatten die Bauarbeiten für Terminal 2 begonnen, 1994 wurde es eröffnet.

Mehr als 20 Kräne waren auf der Großbaustelle im Einsatz.

mal ein Jahr später war Deutschland wiedervereinigt. Parallel einigten sich die europäischen Staaten auf das Schengener Abkommen, das schrittweise zum Wegfall aller Grenzkontrollen im EU-Raum führte.

Als 1986 die Planungen für das neue Terminal begonnen hatten, konnte das alles keiner ahnen. Der grenzenlose Reiseverkehr sollte ja nicht für Passagiere auf Interkontinentalverbindungen gelten, die je nach Herkunftsland ein Visum vorzeigen müssen, um den Transitbereich verlassen zu dürfen. Wie trennt man diese Gruppen, wenn sie für den Weiterflug ins andere Terminal wechseln? Wo zieht man zusätzliche Kontrollbereiche hoch? Doch das neue Gebäude erwies sich als flexibel genug, um die Planungen anzupassen. Terminal 2 sollte zudem das erste Flughafenbauwerk weltweit sein, das für eine neue Generation von Großraumflugzeugen wie den Airbus A380 gerüstet war.

Am 24. Oktober 1994 begann eine neue Zeitrechnung am Flughafen Frankfurt, als morgens um 5.24 Uhr eine Boeing 747 der Cathay Pacific aus Hongkong am neuen Terminal andockte. Mit der termingerechten (!) Fertigstellung konnten von da an zusätzlich zwölf Millionen Passagiere abgefertigt werden.

Insgesamt wurden bei Terminal 2 rund 29.000 Quadratmeter Glasfassade verbaut.

DORIAN GRAY

BEAT, BASS, SOUND, KÖRPER

Das Ende? Zart, luftig, beinahe flirrend. »Bleib bei mir, während wir alt werden/Und wir werden jeden Tag im Frühling leben«, haucht Minnie Riperton. Dann schließen sich die Türen, für immer. Am 31. Dezember 2000 ist das »Dorian Gray« Geschichte. Jener magische Ort, der selbst heute, 20 Jahre später, mit dem Attribut »legendär« verschmolzen ist. Und anders als der berühmte Namenspatron setzen die Erinnerungen an die Flughafen-Diskothek keine Patina an. Im Gegenteil. Je länger das »Lovin' you« verhallt, desto sehnsüchtiger wird der Wunsch, noch einmal, nur ein einziges Mal dort abzutanzen.

Terminal 1, Halle C, Ebene 0 – hier eröffnete im Dezember 1978 das »Dorian Gray«. »Das mit modernsten amerikanischen und japanischen Licht-, Ton-, Video- und Laseranlagen ausgerüstete Freizeitzentrum soll mehr sein als bloß eine Disco«, umschrieb der *Spiegel* damals etwas naserümpfend die 2,5 Millionen Mark teuren Ambitionen von Gerd Schüler und Michael Presinger. Freizeitzentrum? Deutschlands erste Großraum-Diskothek im Untergeschoss des Frankfurter Flughafens firmierte später in Gazetten rund um die Welt wahlweise als Techno-Mekka, Tanztempel, Meilenstein, Avantgarde-Kultstätte, Place-to-Be-Location oder Promi-Hotspot. Freizeitzentrum!

Inspiriert von New Yorks Edel-Disco »Studio 54« hatten Schüler und Presinger den begnadeten Toningenieur Richard Long engagiert, der eine Soundsystem-Anlage erschuf, die auf die rund 1.500 qm großen Räumlichkeiten im Untergeschoss des Flughafens zugeschnitten war. Neu waren auch Laserkanone, Nebelmaschine und Light-Jockeys. Das Ergebnis: Extase pur. Beat, Bass, Sound, Körper, alles verschmolz zu einem wabernden, pulsierenden Organismus.

Die Diskothek im Flughafen zu eröffnen, war ebenso klug wie lukrativ. Parkplätze warteten en masse, dank Sondergenehmigung gab es keine Sperrstunde, von klagewütigen Nachbarn, die sich über den Lärm beschwerten, ganz zu schweigen. Das internationale Flughafen-Flair färbte auf das Image des Clubs ab und umgekehrt. Es entwickelte sich eine Symbiose, wie sie diverser nicht sein konnte: Auf der einen Seite der Frankfurter Geld-Adel, Schauspieler, Geschäftsleute, gerne auch der gesamte Formel-1-Tross, also ein party-gestähltes Promi-Publikum, das sich regelmäßig dort blicken ließ. Dann gab es die Paradiesvögel, eine modebewusste Schickeria, die der urbanen Miefigkeit entfloh und beseelt im Stroboskopgewitter abtauchte. Die Türstehpolitik des »Dorian Gray« war ebenso berühmt wie unberechenbar. Faustregel: Je gestylter, desto besser. Und dann ging dort eine Klientel ein und aus, die sich gerade erst erfand, ausprobierte und einen Sound kreierte, der von hier aus die ganze Welt eroberte: Techno.

Sie alle haben im »Dorian Gray« aufgelegt: Sven Väth, Mark Spoon, DJ Dag, Ufuk, Andreas Tomalla alias DJ Talla 2XLC, Torsten Fenslau, Bijan Blum, Michael Münzing. Noch heute schwärmen manche von der besten Technik der Technogeschichte. Der Star war der Raum. Dank Sound und Licht (und Rauschmitteln, auch das gehört zur Wahrheit) driftete das tanzende Publikum in den insgesamt drei Clubs sperrstundenbefreit in oszillierende Sphären. Zwei Etagen weiter oben drehten die Putzmaschinen ihre Runden durch das fast menschenleere Terminal.

Heute sucht man in der Ebene 0 vergebens nach einem mystischen Nachglimmen dieses magischen Ortes. Die Brandkatastrophe im Düsseldorfer Flughafen 1996, bei der 17 Menschen starben, zog verschärfte Brandschutzauflagen für alle deutschen Airports nach sich.

Eingangstür des Dorian Gray (2005).

Allein die baulichen Veränderungen im »Dorian Gray« hätten mehrere Millionen Mark gekostet. Zu teuer, zu aufwendig, und überhaupt: Only the good die young. Jahrelang verwiesen zumindest noch die ikonischen Eingangstüren auf den Sehnsuchtsort. Dann verschwanden auch sie. In Privatbesitz gewechselt, heißt es. Doch Legenden sterben nicht. Als der Flughafenbetreiber im Sommer 2015 zusammen mit dem World Club Dome erstmals ein Gate sowie eine Boeing 757 zu Dancefloors umfunktionierte und als »Dorian Gray 2.0« ankündigte, waren die Tickets binnen Minuten vergriffen. Zudem wird gemunkelt, dass in diesem Jahr (2022) an der Frankfurter Hauptwache im neuen Museum of Modern Eletronic Music, dem weltweit ersten Museum für elektronische Musik und Clubkultur, das »Dorian Gray« seine Türen wieder öffnet. Zumindest die Eingangstüren.

IKONEN DER LUFTFAHRT

Eines der größten Flugzeug-Ereignisse in Frankfurt war die (einmalige) Landung der Concorde am 24. April 1976. Rund 18.000 Menschen hatten sich damals auf der Besucherterrasse versammelt und kletterten zum Teil auf ihre mitgebrachten Leitern, um das legendäre Überschallflugzeug mit eigenen Augen zu sehen. Da stand sie, weiß lackiert, elegant, mit spitzer Nase und den charakteristischen Flügeln. Für die einen war sie avantgardbeseelte Luftfahrttechnologie, für die anderen ein ökonomisch-ökologischer Albtraum. Denn der Kerosinverbrauch pro Fluggast betrug das Vierfache eines Jumbos, in die schlanke, tempo-optimierte Röhre passten nur maximal 128 Passa-

Die Concorde schaute nur einmal in Frankfurt vorbei.

giere. Zahlreiche Flughäfen erteilten erst gar keine Landegenehmigung, denn die Concorde war schlicht zu laut. Überschallflüge über dem Festland waren ohnehin verboten. Da bis auf British Airways und Air France keine weitere Fluggesellschaft dieses wirtschaftliche Risiko mittragen wollte, kamen letztlich nur 20 Exemplare zum Einsatz.

Und wieder einmal galt: Mach dich rar – werd ein Star! Denn wer konnte sich schon Ticketpreise von rund 8.700 Euro (z.B. Paris-New York-Paris) leisten? Nur die betuchteste Klientel, die sich gern im Glanz des aerotechnischen Mythos sonnte. Und nebenbei von der deutlich kürzeren Flugzeit profitierte: Bis heute ist der Concorde-Rekord von 1996 mit unter drei Stunden für die schnellste zivile Atlantiküberquerung ungebrochen. Vielleicht würde sie noch heute fliegen. Doch die Katastrophe von Paris im Juli 2000, als eine Concorde kurz nach dem Start in Flammen aufging und alle Insassen ums Leben kamen, hatte selbst die treuesten Fans zutiefst verunsichert. Im Oktober 2003 hob der letzte Linienflug einer British Airways-Concorde von New York nach London ab. Doch der Mythos lebt, wenn auch gegroundet, zum Beispiel im Technik Museum in Sinsheim.

Als im Oktober 2005 ein Airbus A380 für den weltweit ersten Flughafen-Test überhaupt in Frankfurt landete, hätte sich keiner träumen lassen, dass dieser bejubelte Riesenflieger noch schneller als die Concorde ausgemustert werden würde. Rund 10.000 Menschen hatten die Premieren-Landung im Morgennebel auf einem eigens eingerichteten Zuschauer-Areal im Süden des Flughafens verfolgt. Die Dimensionen des doppelstöckigen Giganten sind bis heute gewaltig: 73 Meter lang, 80 Meter Flügelspannweite, acht Stockwerke hoch, Listenpreis 225 Millionen Euro. In durchgehender Economy-Bestuhlung bietet der A380 rund 850 Passagieren Platz. Nicht nur in Frankfurt mussten Extra-Flugsteige gebaut werden, um dieser Größe gerecht zu werden.

Ausgerechnet diese Größe wurde dem Flugzeug letztlich zum Verhängnis: Das Streckennetz war limitiert, denn zahlreiche Airports waren gar nicht in der Lage, die Riesenjets abzufertigen. Zudem erwiesen sich nur wenige Routen als wirklich rentabel, und je mehr Sitze leer blieben, desto unwirtschaftlicher und umweltschädlicher war der Flugbetrieb. Die Bestellungen gingen zurück und im Februar 2019 verkündete der Hersteller, die Produktion 2021 auslaufen zu lassen. Am 14. September 2021 hob der letzte Lufthansa-Airbus vom Typ A380 in Frankfurt ab, verabschiedete sich mit einem kurzen »wing wave« und gesellte sich zu weiteren bereits ausrangierten Exemplaren auf den spanischen Flugparkplatz Teruel. Dennoch wird das größte Passagierflugzeug der Welt dank anderer Fluglinien weiterhin am Flughafen Frankfurt zu bestaunen sein.

Ein Bild fürs Archiv: Die Lufthansa hat sich bereits vom A380 verabschiedet.

ALPHA, LIMA, WHISKEY, ZULU – DER FLUGHAFEN VON A BIS Z

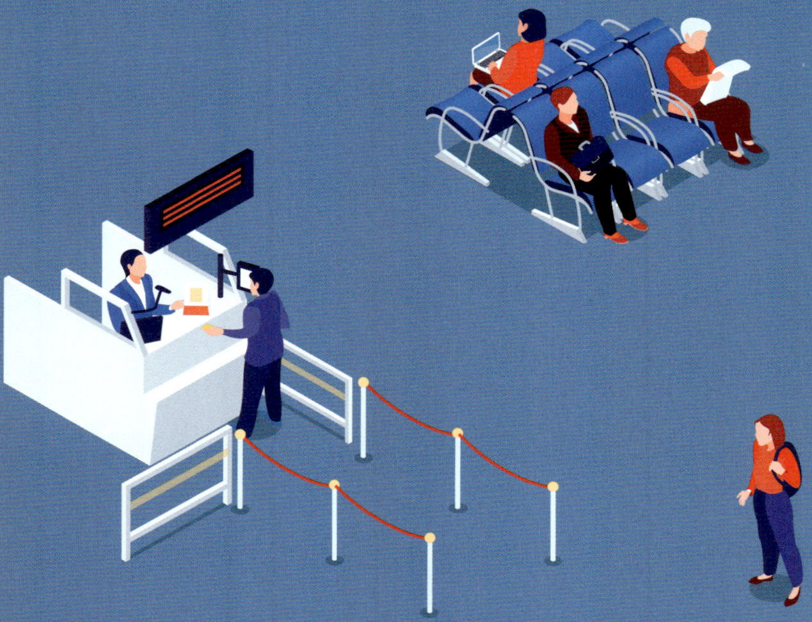

IM NAMEN DER KOMPASSROSE

Die Startbahn West heißt Startbahn West, obwohl die Flugzeuge fast genau Richtung Süden starten. Verwirrend? Nur auf den ersten Blick. Begeben wir uns deshalb hoch auf Anflughöhe. Da liegt es, das Landebahnsystem des Frankfurter Flughafens. Schön übersichtlich, vier Pisten, 141 Rollbahnen, 245 Abstellpositionen für verschiedene Flugzeugtypen, davon 79 direkt an den Terminals. Es gibt Flughäfen, die möchte man nicht ohne Navi anfliegen. Chicago zum Beispiel, mit seinem verwirrenden Zickzack aus neun Start- und Landebahnen!

Doch zurück nach Frankfurt. Die Start- und Landebahnen wurden schon 1936 nicht willkürlich auf der Fläche verteilt, sondern richteten

Hier geht es zur Südbahn.

sich nach den lokalen Windverhältnissen. Flugzeuge starten und landen grundsätzlich gegen den Wind, um beim Start mit maximalem Auftrieb rasch an Höhe zu gewinnen oder beim Landen zusätzlich abzubremsen. In Frankfurt weht der Wind ziemlich zuverlässig aus westlicher oder östlicher Richtung, deshalb zeigen die beiden mittleren Bahnen seit jeher in diese Himmelsrichtungen.

Auf den zweiten Blick sind zudem die Markierungen gut zu lesen, die auf jeder Start- und Landebahn hausgroß aufgepinselt sind. Dort steht aber nicht »West« oder »East«, sondern, zum Beispiel bei der neuen Landebahn, »07L«. Wenn ein Flugzeug knapp dahinter aufsetzt, müssen Flughafen-Insider keinen Finger prüfend in die Luft halten, sondern wissen sofort: Derzeit herrscht Ostwind, das heißt, die Maschinen kommen von Westen. Die Landebahn liegt aus ihrer Richtung gesehen ganz links, also »left«. Die Zahl wiederum ist von der Gradeinteilung der Kompassrose abgeleitet. Die drei Parallelbahnen zeigen auf dieser Kompassrose, je nach Betriebsrichtung, auf 70 oder 250 Grad. Da der Wind sehr oft aus Westen weht, steuern landende Flugzeuge den Flughafen überwiegend aus Richtung Osten an. Bei »Betriebsrichtung 07« landen die Flugzeuge aus Richtung Westen auf 07L (Nordwestbahn) oder 07R (Südbahn). Die Centerbahn trägt seit Juni 2011 die Bezeichnung 07C/25C. Die Startbahn West verläuft ziemlich genau in Richtung Süden, also 180 Grad auf der Kompassrose. Deshalb wird sie »18« genannt.

Nun kann der Wind die Richtung wechseln, und das sogar mehrmals am Tag. Wer entscheidet, wann wer wie wo fliegt? Darum kümmern sich die Lotsen im Tower der Deutschen Flugsicherung. Sie legen je nach Windrichtung und Windstärke die Betriebsrichtung fest und koordinieren entsprechend den An- und Abflugverkehr. Die Start-

07R-25L steht für die Bahnbezeichnung. CAT II/III bedeutet, dass der Flughafen dank technischer Ausstattung auch bei schlechten Sichtbedingungen angeflogen werden kann.

07R-25L
07R-25L
STOP

bahn 18 wird dabei unabhängig von der jeweiligen Betriebsrichtung der drei Parallelbahnen genutzt. Bei zu starkem Wind kann aber auch hier der Verkehr eingeschränkt werden.

Ein unabhängiger paralleler Landebetrieb wurde erst mit der Nordwestlandebahn möglich. Der Abstand zwischen der Süd- und der Centerbahn beträgt nur 518 Meter, das war zu wenig, um zwei Flugzeuge gleichzeitig gefahrlos zu landen. Der Abstand der neuen Landebahn zu den bereits bestehenden Pisten liegt mit 1.400 Meter über dem geforderten Sicherheitskorridor.

Die Süd-, Center- und Startbahn West sind jeweils vier Kilometer lang. Die Nordwest-Bahn endet nach 2.400 Metern, deshalb dürfen hier zum Beispiel keine A380 landen. Wie jede Straße oder Autobahn zeigen auch diese Pisten Verschleißerscheinungen. Nach rund zehn Jahren ist der Lack ab beziehungsweise die rund vier Zentimeter dicke Asphaltschicht nicht mehr in bester Verfassung. Die Sanierung selbst eines Teilabschnittes ist jedes Mal ein logistischer Kraftakt, denn anders als im Straßenverkehr gibt es keine einspurige Verkehrsführung. Die Bahn ist komplett gesperrt und die Kapazität heruntergefahren. Bühne frei für ein besonderes Baggerballett, das jetzt in Aktion tritt. In Tag- und Nachtschicht wird die alte Schicht abgefräst und der neue Asphalt aufgetragen. Dann die Markierungen nicht vergessen und, je nach Abschnitt, die Zebrastreifen. Ja, richtig gelesen, aber was wie Zebrastreifen aussieht, sind die sogenannten Landeschwellen. Sie markieren den Bereich, an dem ein Flugzeug frühestens aufsetzen darf.

MEHR LICHT!

Die schönste Tageszeit am Flughafen? Immer. Die allerschönste Tageszeit am Flughafen? Kurz vor Einbruch der Dämmerung. Da schweigen selbst Flughafen-Urgesteine und lassen verträumt den Blick schweifen, wenn nach und nach die Befeuerung in die Schmuckschatulle greift und ihren glitzernden, funkelnden Inhalt über das Gelände verteilt.

Geschenkt, dass simple physikalische Phänomene mit so wohlklingenden Namen wie Rayleigh-Streuung und Chappuis-Absorption einen nicht unerheblichen Anteil zu dieser abendlichen Galavorstellung beitragen. Wir verlieren uns im Flimmern und Blinken, das rund 23.000 Leuchten Abend für Abend neu inszenieren.

Rot, Grün, Weiß, Blau: Jede Farbe hat eine Funktion und dient den Piloten als Orientierungshilfe.

Dabei folgen sie einer festgelegten Choreografie. Rot, Grün, Weiß, Blau: Jede Farbe hat eine Funktion und dient den Piloten als Orientierungshilfe. Das sah in den Anfängen der Fliegerei noch etwas anders aus. Da säumten hell flackernde Reisig-Feuer die Pisten, um auch nachts oder bei schlechter Sicht eine Landung zu ermöglichen. Der Wortstamm hat überlebt, doch heute reicht ein kurzer Knopfdruck und es werde Licht.

Und von wo lässt sich das Schauspiel am besten beobachten? Von oben. Also setzen wir uns heute ins Cockpit und sehen ihn vor uns liegen: Deutschlands größten Flughafen mit Start- und Landebahnsystem, Vorfeld-Flächen und Terminals. Bereits 900 Meter vor der Landebahn beginnt die Anflugbefeuerung, ein kompakter Block aus mehreren Reihen von fünf weißen, nebeneinanderstehenden Richtstrahlfeuern. Da kommt auch schon eine einzelne, weiß leuchtende Querreihe und gleich dahinter signalisieren zwei breite Streifen mit roten Feuern, dass

Bereits 900 Meter vor der Landebahn beginnt die Anflugbefeuerung.

hier keine Landung erlaubt ist. Erst nach einer grün leuchtenden Querreihe sowie der Schwellenmarkierung, die einem Zebrastreifen ähnelt, beginnt die Aufsetzzone. Hier wird nicht der rote Teppich ausgerollt, im Gegenteil. Die vormals rote Warnbeleuchtung setzt sich jetzt als mehrreihige weiße Befeuerung fort, die je nach Wetter- und Sichtverhältnissen in fünf Stufen heller oder weniger hell aufflammt. Ein schmales Band von weißen Unterflur-Richtstrahlern, die in den Boden eingelassen sind, markiert die Mittellinie. In der Ferne leuchtet quer in Warnlicht-Rot die Endbefeuerung. Doch wir biegen vorher ab und folgen jetzt der grünen Rollwegmittellinie, während rechts und links kleine blaue Lampen den Rollwegrand markieren, bis wir unsere Position am Gate oder auf dem Vorfeld erreicht haben.

Einmal in der Woche kontrollieren Beschäftigte vom Facility Management die Beleuchtung an den Start- und Landebahnen. Ihrem geschulten Blick entgeht keine defekte Lampe, das Ersatzteillager im umgebauten Bus fährt immer mit.

Eigentlich könnte man sich jetzt mit einem Sundowner in der Hand auf die Besucherterrasse setzen und noch ein bisschen den Blick genießen. Aber wir leben in Zeiten von Klimawandel und CO_2-Emissions-Diskussionen. Und 23.000 Leuchten klingen nach einer immens klimaunfreundlichen Stromrechnung. Das war es auch, solange Halogen-Leuchtmittel zum Einsatz kamen. Doch mittlerweile sind mehr als 70 Prozent der Befeuerung in Frankfurt auf energieeffiziente und langlebige LEDs umgerüstet. Allein dadurch spart der Flughafenbetreiber jährlich etwa 5.000 Tonnen CO_2 ein. Fraport hat zudem angekündigt, den gesamten CO_2-Ausstoß am Boden von 175.000 Tonnen (2019) auf 80.000 Tonnen im Jahr 2030 zu senken. Langfristiges Ziel aller Flughäfen in Europa ist es, bis 2050 klimaneutral zu operieren.

HEISS GEDUSCHT ZUM START

Ein kurzer Ruck. Dann steht das Flugzeug. Gerade war man noch erwartungsvoll Richtung Startbahn gerollt. Aber jetzt – Stillstand. Der Blick aus dem kleinen Fenster hilft auch nicht weiter. Bis auf ein weißes Spezialfahrzeug mit gelb lackierter Kanzel ist nichts zu sehen. Muss dieser Stopp jetzt sein?

Ja, er muss. Schließlich will jeder in diesem Flugzeug sicher ans Ziel kommen. Also darf der Elefant noch einmal ran, bevor die Startfreigabe erfolgt. Tiere am Flughafen – ein spannendes Thema (siehe auch »*A star was born*«)! Aber in diesem Fall ist »Elefant« nur der Spitzname für ein sehr teures Spezialgerät, das bei der Enteisung am Flughafen eingesetzt wird.

Den Namen verdankt das Fahrzeug dem langen, rüsselartigen Ausleger, den der Enteiser (oder die Enteiserin) mittels Joystick aus der gelben Kabine heraus steuert. Zwischen zwei Fühlern am Ende des Auslegers schießt aus einer Düse zuerst bis zu 60 Grad heißes Wasser auf Rumpf und Tragflächen. Das Flugzeug bekommt eine heiße Dusche, um Schnee und Eis zu entfernen. Dann wird der Tank gewechselt. Jetzt ist das Wasser-Glykol-Gemisch deutlich zähflüssiger. Es verhindert, dass sich erneut Eis bildet, bis zu zwölf Stunden kann dieser spezielle Frostschutz wirken.

Aber was macht das Eis so gefährlich? Die Aerodynamik eines Flugzeugs ist sehr fein austariert, jedes zusätzliche Gewicht an den Tragflächen beeinträchtigt das Flugsystem. Zudem müssen die Leitwerke beweglich bleiben. Fliegt ein Eisbrocken in eine der Turbinen, können die Schäden gravierende Folgen haben. Deshalb dürfen die »Elefan-

Der spezielle Frostschutz wirkt bis zu zwölf Stunden.

ten« ran. Bis zu 7.000 Mal im Jahr versprühen die Enteiser insgesamt vier Millionen Liter Flüssigkeit, diese ist selbstverständlich biologisch abbaubar.

Wer entscheidet, ob enteist wird? Der Blick aufs Thermometer? Nein. Das muss jeder Pilot, jede Pilotin für sich festlegen. Sie kennen am besten den Flugzeugtyp, das Material, die Wetterlage und melden sich in der Zentrale der Enteisungsfirma, unabhängig von der aktuellen Außentemperatur. Selbst im Mai kann deshalb eine Enteisung angefordert werden, wenn zum Beispiel das Kerosin in den Tanks nach der Landung aufgrund der eisigen Außentemperaturen in großer Höhe noch so viel Kälte abstrahlt, dass das Kondenswasser auf den Tragflächen gefriert. Ohnehin ist den »Elefanten« kein Sommerschlaf gegönnt: 25 Grad und Sonnenschein sind beste Bedingungen, um zu trainieren. Zwar kommen bei der Schulung mittlerweile auch moderne Simulatoren zum Einsatz. Doch es gibt ein Flugzeug am Flughafen Frankfurt, das bisher noch jeden Rempler verziehen hat: Auf einer Sonderfläche parkt ein echter Übungsflieger, um die Abläufe zu proben.

Wer sich zum Elefanten-Dompteur berufen fühlt, sollte nicht nur schwindelfrei sein, denn die Führungs-Kanzel schwebt rund 15 Meter über dem Boden. Leidenschaftliche Frühaufsteher haben ebenfalls gute Karten, da im Winter schon mal 20 Maschinen enteist werden müssen, bevor der erste Flieger um 5 Uhr morgens abheben darf. Ganz wichtig ist auch perfektes Sehvermögen: Bei einer Rot-Grün-Schwäche bleibt die Tür zur Kanzel leider verschlossen, da die Enteisungsflüssigkeiten zur besseren Unterscheidung rot und grün markiert sind. Das muss sein. Sicher ist sicher.

KATASTROPHEN-TRAINING

180 Sekunden dauert es, dann bahnt sich der Tod seinen Weg. Immer dichter, beißender, giftiger qualmt der Rauch, immer schneller züngeln die Flammen Richtung Flugzeugrumpf. Nein, umschalten geht nicht. Das ist kein exzentrischer Katastrophenfilm. Das ist Trainingsalltag bei der Frankfurter Flughafen-Feuerwehr. Stets aufs Neue geprobt in speziellen Attrappen, die alles maßstabsgetreu simulieren: die Enge, den Rauch, die steigenden Temperaturen, kein Tageslicht und das schwere Atemschutzgerät auf dem Rücken.

Die Zeit, die es einzuhalten gilt, ist behördlich vorgegeben: Kann ein Flughafen nicht nachweisen, dass die Einsatzfahrzeuge binnen 180 Sekunden jeden Ort auf dem Vorfeld erreichen, erlischt die Betriebserlaubnis. Höchstamtlich regelmäßig per Stoppuhr überprüft.

50 Tonnen schwer, über 1.000 PS, in der Spitze rund 135 km/h schnell.

Die Feuerwache an der Nordwest-Landebahn mit Übungsattrappen.

Der Grund: Bei einem Triebwerkbrand hält der Flugzeugrumpf im schlimmsten Fall nur knapp drei Minuten den giftigen Gasen sowie der Hitze stand. Spätestens dann sollten die Retter kommen, um verletzte Passagiere herauszuholen.

Löschen, schützen, bergen, retten – das Berufscredo aller Feuerwehren gilt selbstverständlich auch für eine der größten Werkfeuerwehren in Europa. Drei Feuerwachen, mehr als 60 Einsatz- und Spezialfahrzeuge, rund 300 Beschäftigte, 24 Stunden an 365 Tagen im Jahr bereit. In einer Schicht sind stets 65 Männer und Frauen vor Ort und für den Gebäude- sowie den Flugzeugbrandschutz zuständig. Allein 55.000 Feuermelder gibt es am Flughafen. Schlagen sie Alarm oder die Leitstelle erreicht ein Notruf, geht es los. Rund 3.500 Mal im Jahr heult das Warnsignal in den Wachen und scheucht die Diensthabenden erst in die Schutzausrüstung, dann in den Wagen und mit Blaulicht übers Vorfeld. Gebremst wird trotzdem: An einem Flughafen haben Flugzeuge immer, wirklich immer Vorrang.

3.500-mal im Jahr – das heißt, zehn Mal am Tag brennt es am Flughafen? Nein. Meistens handelt es sich um einen qualmenden Mülleimer. Oder die Feuerwehr rückt aus wegen eines Wasserrohrbruchs. Ein Aufzug ist stecken geblieben. Ein Passagier hat versehentlich einen Notausgang geöffnet und Alarm ausgelöst. Auf einer Baustelle ist Öl ausgelaufen. Gefahrgüter wurden falsch entsorgt. Ein Speditionsfahrer in der Cargo City Süd hat Herzprobleme. Alle Feuerwehrfrauen und -männer haben eine Sanitätsausbildung und können die Erstversorgung übernehmen, bis der Notarzt kommt.

Es ist ein besonderer Arbeitsplatz, der sogar Eingang gefunden hat in die Besucherrundfahrten am Flughafen. Die Feuerwehr-Tour dauert knapp zwei Stunden. Wer sich jetzt zweifelnd fragt, ob das nicht ein bisschen lang ist – nein, für Feuerwehr-Groupies ist es fast zu kurz. Zwar können nicht alle Schulungs-, Aufenthalts- und Ruheräume in den drei Feuerwachen besichtigt werden. Aber wann hat man sonst die Chance, das Trainingsgelände samt Atemschutzübungsstrecke der neuen Feuerwache 1 sowie die rußgeschwärzte Flugzeugattrappe nahe der Nordwest-Landebahn aus nächster Nähe zu sehen? Nicht zu vergessen der Stolz jedes Flughafenfahrzeug-Quartetts: die Löschfahrzeuge »Simba« und Z8 XXL, jeweils etwa 50 Tonnen schwer, über 1.000 PS, in der Spitze rund 135 km/h schnell, in ihren Tank passen knapp 12.000 Liter Löschwasser.

Löschen, schützen, bergen, retten – das kann auch heißen, einen verletzten Vogel einzufangen, der sich neben dem Rollweg versteckt. Oder eine exotische Spinne im Frachtraum jagt einem Ramp-Agenten einen Riesenschreck ein. Dann landet der Notruf bei der Tierrettungsgruppe der Feuerwehr. Hier haben sich lauter Freiwillige gefunden, alle tieraffin, jeder mit anderen Vorlieben und Kenntnissen. In zusätzlichen Schulungen lernen sie, ohne Schnabelbiss und Krallenkratzer einen Vogel aufzunehmen oder eine ausgebüxte Schlange einzusammeln. So schnell kann es gehen am Frankfurter Flughafen: vom Katastrophenfilm zu Grzimeks Tierleben.

SPERRGEPÄCK IN XXL

Fracht am Flughafen – puh, wie langweilig. Klappe auf, Container rein, Klappe zu. Na gut, dann eben Klappe auf, Palette rein, Klappe zu. Nächstes Thema. Ganz so einfach ist es nicht. Denn was macht man mit Frachtgut, das in keinen Container passt, weil es die Größe einer Bushaltestelle hat und stramme 35 Tonnen wiegt? Dann heißt es Ladeluke an der Seite auf – und zentimeterweise schiebt sich die Turbine für ein Wasserkraftwerk in den Frachtraum einer Boeing. Unweigerlich kommen einem mancher Umzug und dieser eine Schrank in Erinnerung, der partout in keinem Winkel durch den Türrahmen passen wollte. Seitdem tragen Schrank und Türrahmen ihre Schrammen mit Würde. Am Flughafen schrammt nichts. Minimale Drehung nach links, kurzes Ruckeln nach rechts – und das XXL-Paket ist unversehrt eingeparkt. Immerhin, einige Frachtflugzeuge wie die Boeing 747 können die Nase hochklappen, so dass das komplizierte Manöver durch die seitliche Ladeluke entfällt.

Nicht nur exotisches Obst oder edle Vierbeiner reisen heute per Flugzeug rund um den Globus. Ob Medizin oder Maschinenbauteile – die Frachtpalette am Flughafen reicht vom Luxussportwagen bis zum Container voller Smartphones. Fast 50 Prozent des gesamten Luftfrachtvolumens von und nach Deutschland wird in Frankfurt abgewickelt. Mit rund zwei Millionen Tonnen ist der Flughafen im Luftfrachtbereich die Nummer eins in Europa.

Der größte Teil der Fracht ist auf genormten Paletten oder in stabilen Containern verpackt und kann flott ein- und ausgeladen werden. Zudem ist Luftfracht teuer, im Schnitt kostet ein Kilo Luftfracht rund achtmal so viel wie ein Kilo Seefracht. Doch es gibt Situationen, da sticht der Faktor Zeit den Faktor Geld. Wenn eine Industrieanlage im Ausland plötzlich stillsteht, muss das Ersatzteil so rasch wie möglich dorthin gelangen – und so reisen tonnenschwere Triebwerke oder sperrige Transformatoren per Express durch die Luft.

Und dann sind da die Auftraggeber, die generös ihren Dukatenspeicher öffnen, weil sie keinen Tag länger auf ihr neues Spielzeug warten wollen: An einem komplett verpackten Hubschrauber fehlte nur noch die rote Geschenkschleife. Unvergessen bei den Fracht-Beschäftigten sind auch die 22 nagelneuen deutschen Luxuskarossen, die in Reih und Glied in einem Frachtraum parkten. Und glaube keiner, dass diese Verladung einfach war! Ein Kratzer, und die ganze Charge wäre mit Sicherheit umgehend retour gegangen. Also schnell noch einmal vorsichtig drüberpoliert, damit trotz Schutzhülle nicht ein Fingerabdruck zu sehen war.

Selbst tonnenschwere Sonderfracht passt in ein Flugzeug.

Die Frachtpalette am Flughafen reicht vom Luxussportwagen bis zum Container voller Smartphones.

Manche Frachtflugzeuge können zum Beladen die Nase hochklappen.

GESUCHT? GEFUNDEN!

Wenn sie erzählen könnten... Es würde ein langer, langer Geschichtenabend werden. Fangen wir doch einfach mal an. Der Siegerpokal dort, vielleicht war er mit Weißbier gefüllt, von verschwitzten Armen in die Höhe gestemmt, während die Hymne aller Siegerhymnen aus den Boxen dröhnte. We are the champions, my friend. Oder das Fahrrad dort. Nagelneu. Vielleicht der Auslöser einer handfesten Ehekrise, wer auch immer wen zu mehr Bewegung verleiten wollte. Ups, passt nicht mehr in den Koffer. Dann bleibt es halt hier. Jedes der 20.000 Fundstücke im Fundbüro am Frankfurter Flughafen könnte von einem Davor und einem Danach erzählen. Das kann sehr banal oder sehr speziell sein. Doch bevor aus dem Jetzt ein Davor und Danach wird, warten sie in Terminal 1, Halle A, Ebene 0 in Regalen, Schubladen und Schränken auf jemanden, der sie vermisst. Viele warten umsonst.

Doch dazu später. Denn oft genug erleben die Beschäftigten im Fundbüro pures Wiedersehensglück und werden im Überschwang der Gefühle gleich mit umarmt. Besonders bei den Sicherheitskontrollen, dem Bermuda-Dreieck der Vergesslichkeit, bleiben in der Hektik häufig Laptops, Smartphones oder Schlüssel in den Kunststoffwannen liegen. Ein Klassiker ist auch der Ehering. Schnell zum Händewaschen abgestreift, und dann im Waschraum liegen gelassen; der Aufruf zum Boarding, wissen Sie? Und natürlich die Kuscheltiere. Bunt beplüscht knopfaugen sie einen hoffnungsvoll an. Keine Sorge, mein Freund, du bleibst nicht lange hier.

Früher erfolgte der Kontakt zwischen Fundbüro und Suchendem per Telefon und Mail, heute hilft eine Online-Datenbank weiter. Rasch das Fahndungsformular ausgefüllt, bingo, schon erscheint ein Tref-

Besonders bei den Sicherheitskontrollen, dem Bermuda-Dreieck der Vergesslichkeit, bleibt vieles liegen.

fer in der Datenbank, die parallel von den Beschäftigten Tag für Tag aktualisiert wird. Ob Regenschirm, Mantel oder Handtasche – alles, was besitzerlos in den Terminals herumliegt, wird mit einer Fundvorgangsnummer sowie genauen Daten zur Fundstelle versehen, um es später so rasch wie möglich zuordnen zu können. Mit Argusaugen sucht die Fundbüro-Belegschaft zusätzlich nach speziellen Merkmalen, die nur der Besitzer benennen kann. Ist dieser eindeutig identifiziert, zahlt er eine kleine Gebühr und kann dann Tablet, Schal oder Ladegerät mitnehmen. Alternativ erfolgt der Versand per Post.

Staunend blickt man auf ein Brett voller Schlüssel oder Kunststoffkisten, randvoll mit Handys. Wer viel reist und dabei auch Zug, Bus oder Taxi benutzt, scheut offenbar die Mühe, gleich mehrere Fundbüros abzuklappern. Die Smartphone-Daten liegen ohnehin in der Cloud. Und der Ersatzschlüssel beim Nachbarn. Zugegeben, diese Geschichten wären rasch erzählt. Auch die Splatter-Movie-Szenen, die angesichts mehrerer Kettensägen im Stahlregal aufploppen, verblassen schnell, wenn man weiß, dass das Restbenzin im Motor der Grund für die Einlieferung war. Aus dem gleichen Gefahrgut-Grund liegen in einem Stahlschrank zahlreiche Zippo-Feuerzeuge, jedes sorgfältig einzeln eingetütet und beschriftet. Was viele Passagiere ebenfalls nicht wissen: Lithium-Ionen-Akkus gehören ins Handgepäck und nicht in den Koffer. Explosionsgefahr!

Kommen wir jetzt zu den Fundsachen, die selbst den rätselerprobten Mitarbeitenden Kopfzerbrechen bereiten. Den eingangs genannten Siegerpokal, ok, den hat die feiermüde Mannschaft vielleicht tatsächlich schlicht in der Flughafen-Bar vergessen und das Nachschick-Porto war zu teuer. Aber das Auto-Lenkrad? Die liebevoll verpackte Weihnachtsdekoration? Das Topfset, noch im Originalkarton? Die Tüte mit den Familienalben? Oder, bis heute ungelöst: der Koffer voller Äpfel?

Gepäckstücke werden stets geöffnet. Zum einen, um aus jedem Hinweis-Schnipsel doch noch zusammenzudetektivieren, wem die Tasche oder der Rucksack gehören. Zum anderen, um gammelnde Lebensmittel rechtzeitig zu entsorgen. Zimperlich darf man ohnehin nicht sein. Nur selten verbreitet der Inhalt Frühlingswiesenduft.

Die Vermittlungsquote liegt bei 35 Prozent. Nach drei Monaten müssen die Fundstücke den Regalplatz frei machen. Und landen, je nach Zustand, bei den mittlerweile berühmt gewordenen Koffer-Versteigerungen. Der Erlös wird drei Jahre auf einem Konto geparkt. Sollte der Eigentümer sich später doch noch melden, kann so zumindest der Sachwert erstattet werden. Für manche wahrscheinlich nur ein kleiner Trost für letztlich unbezahlbare Andenken, die wieder ganz andere Geschichten erzählen.

HIDDEN CHAMPION

Sie ist der heimliche Star am Flughafen und hat es sogar mit einem eigenen Film ins Besucherzentrum geschafft. Ach was, Film. Ein Actionmovie ist es geworden. Mitreißend, rasant und hautnah zu spüren dank Motion-Ride-Technik. Der Sessel ruckelt und kippelt mit, wenn es auf dem Screen mit fünf Meter pro Sekunde rauf und runter geht. Sie wollten schon immer mal wissen, wohin Ihr Koffer verschwindet, wenn er an einem der 430 Check-In-Schalter ins Ungewisse abtaucht? Dann nehmen Sie Platz und fahren mit!

Rund 82 Kilometer lang ist die Gepäckförderanlage am Flughafen Frankfurt und damit die größte weltweit. 1974 ging sie in Betrieb. Neidisch blickte die Luftfahrtbranche damals nach Deutschland: Eine Anlage, die gleichzeitig das Gepäck transportieren, sortieren und Daten speichern konnte? Chapeau, das wollen wir auch haben! 35 Kilometer

Jeder Koffer, jede Tasche liegt einzeln in einer blauen, codierten Wanne.

war sie damals lang, seitdem ist sie stetig mitgewachsen: Terminal 2, Fernbahnhof, Flugsteig A-Plus. Spätestens 2026 dürfen die nächsten Kilometer hinzuaddiert werden: Die Untertunnelung der Start- und Landebahnen quer hinüber zu Terminal 3 ist bereits in Planung.

Doch zurück zum Schalter und zu Ihrem Koffer. Sie kennen das Prozedere: Koffer aufs Wiegeband, Ticket und Ausweis vorzeigen, codiertes Baggage-Label angepappt, und schon rollt der Koffer in die geheimnisvolle Welt jenseits der Klappen. Willkommen in den bis zu zwei Kilometer langen Gängen und Hallen der Gepäckförderanlage! Hier rollen die Bänder 23 Stunden am Tag auf mehreren Etagen rauf und runter, Kurve rechts, lange Gerade, noch eine Kurve, kleine Rampe, neue Gerade. Jeder Koffer, jede Tasche liegt einzeln in einer blauen Wanne, die mit 18 Kilometer pro Stunde durch das Labyrinth hin und her geschickt wird. Laut ist es und warm. Und bis ins Detail durchkoordiniert: An jeder Weiche entscheidet ein Lesestellen-Scanner anhand des Behältercodes, in welche Richtung die Reise weitergeht. Pro Stunde können bis zu 20.000 Gepäckstücke sortiert werden, an Spitzentagen summiert sich das auf bis zu 120.000.

Mal kurz gucken, wohin die Vor- und Hinterkoffer reisen: Aha, alles Umsteigergepäck nach Asien, aber hier, der Koffer wurde in Frankfurt aufgegeben und verabschiedet sich schon wieder an der nächsten Weiche. Der Flieger nach Paris wartet. Sollte sich der Fluggast kurzfristig für einen anderen Flug entscheiden oder die Airline eine Umbuchung vornehmen, kann die Wanne jederzeit umgesteuert werden. 250 Mechaniker kümmern sich im Schichtbetrieb um die unzähligen Motoren, Weichen, Scharniere und Bänder dieser speziellen Achterbahn. Die Zuverlässigkeitsrate liegt übrigens bei 99,6%. Noch so ein Wert, um den andere Flughäfen Frankfurt beneiden.

10.000 AMPERE

Die Bilder sind spektakulär. Grellweiße Blitze verästeln sich im bedrohlich dunklen Gewitter-Himmel über dem Flughafen und man spürt förmlich die Naturgewalt, die hinter diesen Entladungen steckt: mehrere 10.000 Ampere! Das bedeutet Lebensgefahr für jeden auf freiem Gelände. (zum Vergleich: Die maximale Dauerbelastung einer Haushalts-Steckdose beträgt 16 Ampere). Die Flugzeuge auf dem Vorfeld ziehen zudem als höchste Punkte Blitze an. Deshalb wird bei Blitz und Donner die Abfertigung am Flughafen aus Sicherheitsgründen sofort eingestellt.

Acht Kilometer – das ist der Warnradius, der rund um den Flughafen Frankfurt gezogen ist. Sobald ein Gewitter diese imaginäre Grenze übergrollt, greifen bestimmte Regularien. Die Luftfahrtberatungszentrale des Deutschen Wetterdienstes sendet eine »Electric Storm Warning« an das Airport Duty Management in der integrierten Leitstelle des Flughafens. Hier reicht ein Knopfdruck, um auf dem Vorfeld die Warnleuchten zu aktivieren. Jetzt wissen alle, dass sie sich umgehend in einen geschützten Bereich begeben müssen. Sämtliche Arbeiten rund ums Flugzeug ruhen, auch die Entladung des Gepäcks. Parallel geht eine Warn-Mail an alle Fluglinien und Abfertigungs-Dienstleister. Wer im Flugzeug sitzt, darf in der Regel unbesorgt sein. Der Flugzeugrumpf wirkt wie ein faradayscher Käfig. Die elektrische Ladung verteilt sich auf dem Metall und fließt Richtung Boden. Erst wenn der Flughafenbetreiber in Abstimmung mit dem Deutschen Wetterdienst die Wetterlage für unbedenklich erklärt, kehren die Beschäftigten aufs Vorfeld zurück.

Sind die Flugzeuge noch in der Luft, entscheidet der Pilot, ob ihm die Wetterbedingungen in Frankfurt (Sturm, Starkregen, Hagel?) zu heikel sind und er einen anderen Flughafen ansteuert. Aber auch die Deutsche Flugsicherung in Langen kann sagen: Da droht eine kritische Wetterlage, wir reduzieren die Flugbewegungen in Frankfurt. Oder es kommt dank Extrem-Wetter die Extrem-Notbremse, die sogenannte Nullsteuerung: Alle Flüge aus Europa Richtung Frankfurt dürfen nicht starten oder werden direkt umgeleitet.

Jede dieser Unterbrechungen hat Folgen. Der Flugplan in Frankfurt ist normalerweise eng getaktet, der Flughafen verzeichnet in der Stunde in der Regel bis zu 104 Starts und Landungen. Verspätungen am Vormittag kann man eventuell über den Tag verteilt abpuffern. Ein Abend-Gewitter wirbelt jedoch alles durcheinander, das Zeitfenster wird dann immer kleiner, denn um 23 Uhr beginnt das Nachtflugverbot. Danach geht ohne Sondergenehmigung kein Flieger mehr raus. Also rotieren die Fluggesellschaften und passen ihre Flugpläne an. Ganz nach oben rutschen die Langstreckenflüge, und das hat mehrere Gründe: Transitpassagiere ohne Visum sollen nicht im Terminal übernachten müssen. Zudem ist die Maschine am Zielort für Weiterflüge eingeplant, dieses fein austarierte System darf nicht zu sehr ins Wanken geraten. Airlines streichen daher in der Regel zuerst die Inlandsflüge und setzen die Passagiere in den Zug.

Spektakulär, aber gefährlich: Gewitter am Flughafen.

DER HONEY-TRUCK

Es ist Zeit, übers Geschäft zu reden. Über »das Geschäft«. Beziehungsweise über den Ort im Flugzeug, wo selbst der Kaiser zu Fuß hingeht. Dabei werden uns noch ein Dark-Water-Tank und vor allem der Honey-Truck begegnen. Genug gerätselt. Rohr ansetzen, Klappe auf und raus das Zeug.

Bis zu 40 Mal pro Schicht sind es immer die gleichen Handgriffe, die die Entsorgungsfahrer der Bodenverkehrsdienste tätigen, um den Inhalt der Flugzeugtoiletten in den Tank ihres Entsorgungsfahrzeugs abzusaugen. Das können bei einem A380 bis zu 1.200 Liter sein. Bei kleineren Flugzeugtypen rauschen rund 600 Liter durch das stabile, honigfarbene Kunststoffrohr in den Wagen.

Doch spülen, Verzeihung, spulen wir kurz zurück. Unser Flugzeug befindet sich noch in der Luft, soeben hat ein Fluggast die Toilette benutzt und den Knopf gedrückt. Eine kleine Klappe öffnet sich, ein wenig Flüssigkeit kommt hinzu und dank Vakuum-Saugsystem saust alles ziemlich geräuschvoll mit 30 Meter pro Sekunde über ein langes Rohr in den »Dark-Water-Tank«, der sich am Ende des Flugzeugs befindet. Mitte der 70er Jahre erfand ein Amerikaner dieses Toiletten-System, das den Wasserverbrauch um mehr als 90 Prozent reduzierte. Klingt vorausschauend ökologisch, hatte aber handfeste ökonomische Gründe: Die Airlines konnten dadurch viel Gewicht einsparen und wirtschaftlicher fliegen.

Trotzdem sind es immer noch respektable Mengen, die in den Flugzeug-Tanks zusammenkommen. Am Flughafen Frankfurt summieren sie sich am Tag auf bis zu 140.000 Liter. Dieses Zeug muss raus und weg. Und so kommt es raus: Der Entsorgungsfahrer manövriert sein Fahrzeug unter den Flugzeugbauch und hievt sich mit der Hebebühne nah heran. Eine Klappe am Rumpf wird geöffnet, der dicke Schlauch anmontiert, ein weiterer dünnerer Schlauch daneben fixiert und dann können die Fäkalien mittels Unterdrucks aus dem Flugzeug-Tank abgesaugt werden. Noch einmal mit Wasser kräftig nachgespült, dann über den dünnen Schlauch Desinfektionsmittel und etwas Deo-Flüssigkeit nachschießen – 10 bis 15 Minuten dauert ein Toilettengang für den Flieger.

Na, schon etwas gerochen? Zwar behaupten die Entsorgungsfahrer, dass man sich mit der Zeit an den strengen Geruch gewöhnt. Aber

Am Flughafen Frankfurt summiert sich der Inhalt der Honey-Truck-Tanks auf täglich bis zu 140.000 Liter.

wer schon am Flugzeug die Nase rümpft, sollte gewappnet sein für den zweiten Part: Das Zeug muss ja schließlich auch noch weg. Das erfolgt in einer Halle auf dem Vorfeld. Insgesamt rund 4.000 Liter fasst der Tank eines Fäkalien-Wagens. Ist das Limit erreicht, fährt der Fahrer in die Halle, positioniert das Fahrzeug über einer der beiden Sickergruben, öffnet eine Klappe und schon schießt die braune Brühe in das Loch. Ein Sieb filtert neben Toilettenpapier auch mal zerrissene Reisepässe aus dem Gemisch, dann geht es weiter in die Kanalisation.

Das ist die Regel. Und das ist die Ausnahme: Wenn zum Beispiel die Klappe im Flugzeugbauch nicht richtig verschlossen ist. Oder eine Dichtung schon etwas abgenutzt ist. Der Schlauch rutscht auf einmal weg. Da hilft dann auch kein Händewaschen (wobei die Hände ohnehin in dicken, roten Spezialhandschuhen stecken), da hilft nur Duschen und Kleidung wechseln, weshalb die Entsorgungsfahrer gleich mehrere Ersatzgarnituren parat liegen haben. Fäkalien können Krankheiten übertragen, deshalb ist für die Fahrer eine Hepatitisimpfung Pflicht. Zudem erfolgt jedes Jahr ein Gesundheitscheck.

Undichte Ablassventile sind übrigens auch der Grund, warum ab und zu gefrorene Urin-Klumpen in einem Vorgarten landen können: Die heraussickernde Flüssigkeit gefriert in großen Höhen sofort zu Eis. Im Sinkflug wird die Luft wärmer und der Eisbrocken platzt ab. Meistens verdunstet das Eis aber, bis es den Boden erreicht, oder tröpfelt herunter – Schietwetter der etwas anderen Art.

CHARMANTES WAHRZEICHEN

Es ist ein Spiel, das seinen Reiz nie verloren hat: Auf 16 mal 4 Meter liegt einem die Welt zu Füßen. Nun ja, eigentlich schwebt sie über einem, ganz nah und doch so fern. Aber wir wollten ja spielen. Los geht die Suche. Drei Wunschziele finden. Da, Vancouver, Abflug um 10.20 Uhr. Nehmen wir. 10.25 Uhr Oslo, die Schwiegereltern besuchen. Oh, Dublin, 10.30 Uhr. Soll schön dort sein. Da! Hören Sie es? Dieses sanfte Rauschen! Nein, das ist nicht die Dublin Bay, das ist das Wahrzeichen am Frankfurter Flughafen. Zuverlässig, beständig, rund alle 15 Minuten sich selbst aktualisierend und im Airport-Shop auf Fleecedecken und Strandtüchern verewigt. Seit 1972 sorgen die »Klappertafeln« für diesen speziellen Flughafensound. Jede Wette: Trotz Apps, Webseiten, Info-Gates sowie Push-Nachrichten der Fluglinien, die jeglichen Informationsbedarf bezüglich Gate und Boarding-Zeit hinreichend stillen, wirft jeder, der durchs Terminal 1 hastet, noch einen kurzen Blick auf eine der vier markanten Fallblattanzeigen.

So fortschrittlich und zukunftsgetrieben der Flughafenbetreiber oft agiert – hier leistet er sich eine liebenswürdige, anachronistische Sentimentalität. Vor einigen Jahren sollten die letzten Mega-Tafeln tatsächlich weg. Platz machen für hochmoderne und vor allem wartungsarme Digital-Screens. Doch am Ende zögerten sie und beugten sich dem machtvollen Charme des Wahrzeichens. Begründet wurde die Entscheidung unter anderem mit der besseren Lesbarkeit bei allen Lichtverhältnissen. Ja klar. Ob es Protestdemos für den Erhalt der Tafeln gegeben hätte? Jedenfalls erhielten die Tafeln eine Verjüngungskur in Form einer neuen Serveranbindung zur zentralen Flughafendatenbank sowie einer Generalüberholung der Schaltwerke. Ihre Zukunft war, vorerst, gesichert.

So funktioniert die Technik: Auf einem Anzeigenblock befinden sich 4.800 Schaltmodule. Jedes Modul hat 52 Fallblattplättchen, die 52 verschiedene Zeichen bilden können. Sie zeigen das Alphabet, alle Zahlen von 0 bis 9, Sternchen, Minuszeichen, Punkt, Doppelpunkt und Schrägstrich. Damit können sie jede Abflugzeit, jede der bis zu 90 Fluglinien sowie jeden der bis zu 300 Zielflughäfen anzeigen.

Und jetzt kommen wir zur Wartung. Bei einem Screen würde man, salopp gesagt, einmal mit dem Lappen drüberwischen, fertig. Bei den Klappertafeln rückt alle sechs bis acht Jahre stets zu nächtlicher Stunde ein Team der Wartungsfirma aus dem Westerwald an. Mit dem Hubwagen geht es auf rund sechs Meter Höhe, dann tauscht der Mitarbeiter nicht nur sämtliche Module aus, sondern säubert auch sorgfältig die leeren Gehäuse. Der Staub sitzt überall, meistens hilft ein feiner Pinsel. Noch kurz die Platinen gecheckt, dann kommt das schwarzglänzende Modul an seinen Platz. Staubbefreit, im Ultraschallbad gereinigt und anschließend dauergeföhnt. Hakt es bei einem Modul zwischen den Wartungsintervallen, regelt das die entsprechende Abteilung am Flughafen per Mausklick oder notfalls mit dem Schraubenzieher.

Wie lange sich der Flughafen Frankfurt diese Sentimentalität noch leisten wird? Gute Frage. Längst informieren in den Terminals sowie den Transit- oder Ankunftsbereichen zahlreiche kleinere Service-Bildschirme die Fluggäste nicht nur auf Deutsch und Englisch, sondern auch, je nach Bedarf, in kyrillischen, arabischen oder chinesischen Schriftzeichen. Die Technik schreitet zudem in Riesenschritten voran. Noch vor ein paar Jahren blinkte einem an prominenten Straßenkreuzungen auf Werbetafeln ein überdimensionales Pixelgewitter entgegen. Heute verblüffen geschmeidige 3D-Animationen das

52 verschiedene Zeichen bilden die ganze Reise-Welt ab.

ungeschulte Auge. Längst schlummert in einer Server-Schublade ein maßgeschneidertes Screen-Programm, das die Fallblattoptik als XXL-Version perfekt imitiert. Und irgendwo tüftelt ein Sounddesigner am unverwechselbaren Rauschen, das weiterhin dezent durchs Terminal branden wird. Alle 15 Minuten.

Seit 1972 sorgen die »Klappertafeln« für den speziellen Flughafensound.

Abflug
Departures
Terminal 1 A,B,C,Z
Terminal 2 D,E

FÜR ALLE FÄLLE

Sie funktioniert wie eine normale Hausarztpraxis. Nur mit dem kleinen Unterschied, dass die Patientinnen und Patienten aus aller Welt kommen – und meistens so schnell wie möglich in alle Welt weiterfliegen wollen. Fuß verstaucht, Finger eingeklemmt, Magenprobleme, Kreislaufschwierigkeiten, Anti-Baby-Pille vergessen: Die Frankfurter Flughafenklinik ist auf alle (Not)Fälle vorbereitet. Rund 32.000 Patienten im Jahr wenden sich hilfesuchend an die Ärztinnen und Ärzte, der Notarzt rückt im Durchschnitt zwei Mal am Tag aus. Hinzu kommen über das Jahr verteilt rund 22.000 Rettungsdiensteinsätze und 12.000 Krankentransporte.

Diese Notfallambulanz ist eine der größten der Welt und bildet mit dem Rettungs- und Notarztdienst sowie der Reise-Impfambulanz den Medizinischen Dienst am Flughafen. Dieser ist zudem als Außenstelle des städtischen Gesundheitsamtes die erste Abwehrkette, wenn auf einem anderen Kontinent hochansteckende Infektionskrankheiten ausbrechen. So landete Anfang Februar 2020 eine Bundeswehrmaschine mit rund 100 deutschen Passagieren an Bord in Frankfurt. Abflugort: Wuhan in China. Die Betriebssporthalle auf dem Flughafengelände musste als provisorische Quarantänestation herhalten. Noch ahnte keiner, dass Sars-CoV-2 längst im Land war.

Chirurgen, Anästhesisten, Kinderärzte und Gynäkologen bilden das Ärzteteam. Eine Zusatzausbildung zum Notarzt ist Pflicht, ebenso Nachweise in der Reise- und Impfmedizin. Dazu kommen externe Fachärzte, Rettungsdienstmitarbeiter, Krankenschwestern und Arzthelfer. Die Notfallambulanz ist 365 Tage im Jahr rund um die Uhr besetzt, normale Sprechstunde ist von 8 bis 16 Uhr. Ob der Verband

Die Flughafenklinik in Frankfurt ist eine der größten der Welt.

für den eingeklemmten Finger oder das Medikament gegen Reiseübelkeit: Sämtliche Leistungen werden wie in einer normalen Praxis abgerechnet. Dem Team steht eine kleine Klinik-Infrastruktur zur Verfügung mit Behandlungskabinen, Isolierzimmer, OP- und Röntgenräumen sowie Labor. Die junge Mutter, die auf dem Flug nach Frankfurt ihr Baby zur Welt gebracht hat, ist hier ebenso gut aufgehoben wie der Gastro-Mitarbeiter, der mitten im Terminal einen Infarkt erlitten und dank des beherzten Defibrillator-Einsatzes eines Ersthelfers überlebt hat.

Notfälle dieser Art sind nicht so selten, wie man denkt. 70 Millionen Passagiere im Jahr, dazu rund 80.000 Beschäftigte – die Airport City hat medizinisch einiges zu bieten. Bei den Passagieren kommt noch ein weiteres Handicap dazu: der Faktor Zeit. Keiner sitzt gerne im Wartezimmer, aber wenn Minute für Minute das Boarding drohend näher rückt, schießt der Blutdruck automatisch nach oben. Also schnell das Rezept ausgestellt und den Weg zu einer der Apotheken am Flughafen erklärt. Tür auf. Der Nächste bitte. Tür zu. Guten Tag, Frau Doktor.

Das ist der Alltag. Und dann gibt es Tage wie damals, Weihnachten 2004. Tsunami am Indischen Ozean. Oder Januar 2010, als ein furchtbares Erdbeben Haiti verwüstete. Der 11. September 2001, die Anschläge in den USA. März 2015, der Absturz der Germanwings-Maschine in Südfrankreich. Sind bei Katastrophen dieser Tragweite Deutsche betroffen, werden sie in der Regel nach Frankfurt ausgeflogen. Es ist dann das eine, als Notfallmediziner mit detaillierten Plänen auf fast jedes denkbare Schreckensszenario vorbereitet zu sein. Und es ist das andere, wenn Überlebende eines Unglücks, teilweise nur mit Shorts und Flip-Flops bekleidet, tatsächlich eingeliefert werden. Wenn wartende Angehörige dem Druck nicht mehr standhalten. Wenn die Mediziner wissen, dass der Verband zwar die äußeren Wunden versorgt, aber die inneren Wunden lange nicht heilen werden. Dann ist es gut zu wissen, dass zusätzlich ein speziell geschultes, 60-köpfiges Kriseninterventionsteam bereitsteht. Für alle Fälle.

SCHACHSPIEL FÜR FORTGESCHRITTENE

Dieser Job ist nichts für schwache Nerven. Allein der Bewerbungsprozess. Über 90 Prozent der Bewerberinnen und Bewerber scheitern in der ersten Runde. Und wer nach drei Jahren Ausbildung die Abschlussprüfung verhaut, ist raus. Keine Nachprüfung, keine zweite Chance. Es ist eine knallharte Auslese. Schließlich geht es um Menschenleben. Wer im 69 Meter hohen, weithin sichtbaren Tower der Deutschen Flugsicherung (DFS) sitzt, zählt zu einer besonderen Spezies.

Bevor wir zum Schachspielen und der Freiheit über den Wolken kommen, eine kurze Verfeinerung des Begriffs »Lotse«. Es gibt die Tower-Lotsen, die, der Name sagt es, im jeweiligen Flughafen-Tower sitzen und den Betrieb auf den Roll-, Start- und Landebahnen regeln. Ohne ihre Freigabe darf kein Flugzeug abheben oder landen. Dann gibt es die Center- oder Radarlotsen, die in den Kontrollzentralen, zum Beispiel in Langen, jeweils einen bestimmten Sektor im deutschen Luftraum betreuen. Die dritte Gruppe sind die Vorfeldlotsen. Sie haben eigene Tower-Kanzeln, in Frankfurt thronen sie auf dem A-Finger des Terminal 1 sowie auf dem D-Finger des Terminal 2. Von hier aus koordinieren sie das Verkehrsgeschehen auf dem Vorfeld und dirigieren neben den Luft- auch die Schleppfahrzeuge.

So, jetzt aber rein in – den Simulator. Wer Lotse werden will, verbringt am Anfang viele Stunden vor kinoleinwandgroßen Videoprojektionen. Dank Hochleistungsrechnern bilden sie den realen Flughafenbetrieb detailgetreu ab. Das beginnt bei original lackierten Flugzeugen sowie echten Registriercodes und reicht bis zu sämtlichen Ausnahmesituationen. Schnee, Nebel, Dämmerung, ein defektes Flugzeug blockiert einen Rollweg, ein Privatflieger missachtet eine Anweisung.

Wer im Vorfeld-Tower sitzt, hat die Lotsen-Ausbildung beim Flughafenbetreiber gemacht.

All das lässt sich zusätzlich programmieren. Wer hier falsch entscheidet, riskiert einen Rüffel des Ausbilders. Aber keine Menschenleben.

Im Alltag sind die Probleme meistens harmloser. Der Vorfeldlotse legt zum Beispiel fest, wer an einer Rollbahnkreuzung Vorfahrt hat. Oder sortiert blitzschnell um, wenn unerwartet eine Parkposition belegt ist, weil die dort stehende Maschine ein Problem hat. Teilweise sind bis zu 25 Flugzeuge gleichzeitig auf dem Vorfeld in Bewegung. Ein Ohr hört deshalb immer mit, was die Kollegen rechts und links ins Mikro sprechen.

Sprache ist ein gutes Stichwort. Nichts klingt geheimnisvoller und gleichzeitig flughafentypischer als die sonoren Dialoge zwischen Lotsen und Piloten. November, Lima, Taxi, Pushback, Foxtrot: Wer im Tower sitzen will, muss das Sprechfunkzeugnis für den Flugfunkdienst besitzen und die internationalen Codes beherrschen. Die Auszubildenden haben zudem Unterricht in Navigation, Luftrecht, Flugzeugtypenkunde und Meteorologie. Räumliches Vorstellungsvermögen, selektives Gehör oder Stressresistenz wurden bereits im Eignungstest überprüft.

In der Regel werden täglich über 200.000 Passagiere in Frankfurt abgefertigt, das heißt bis zu 700 Flugbewegungen zwischen 5 Uhr morgens und 23 Uhr abends. Der deutsche Luftraum ist zudem der meistfrequentierte in Europa. Die DFS-Belegschaft begleitet täglich bundesweit bis zu 10.000 Flüge und trägt Verantwortung für mindestens eine Million Passagiere und Airline-Beschäftigte.

Sobald ein in Frankfurt gestarteter Jet in der Luft ist, wird er von Sektor zu Sektor gelotst. Kontinuierlich erhält die Cockpit-Crew über Funk Anweisungen und muss je nach Bedarf Höhe oder Kurs anpassen. Da oben ist die Freiheit doch grenzenlos? Nicht ganz. Geschwindigkeit, Sicherheitsabstände, das alles ist geregelt. Jeder Sektor hat individuell festgelegte Kapazitätsgrenzen. Zwingt dann ein Gewitter zu Ausweichmanövern, wird es plötzlich eng im Nachbarsektor. Zudem durchziehen die Flugrouten auf mehreren Ebenen die Sektoren. Alles hängt mit allem zusammen. Am Boden wiederum greifen die Prozesse auf ganz andere Art ineinander, jede Abweichung hat Folgen. Daher gilt: Ähnlich wie beim Schach müssen Lotsen immer ein paar Züge vorausdenken.

Perfektion ist dabei gar nicht das erklärte Ziel. Meistens geht es nicht um die beste, sondern um die erstbeste Lösung. Auch das wird vorab getestet: Wer wenig Entschlussfreude zeigt, gilt als ungeeignet. Dieser permanente Aufmerksamkeitsmodus zehrt. Nach zwei Stunden Arbeit geht es in die Pause. Ausnahmslos. Der Reset für den Kopf ist Pflicht.

In der Zentrale der Deutschen Flugsicherung in Langen arbeiten die Centerlotsen.

NACHTSCHICHT

Es ist Mitternacht. Verärgert zieht sich mancher Anwohner in der Flughafen-Einflugschneise das Kopfkissen über die Ohren. Hallo, Störenfried, noch nie etwas von Nachtflugverbot gehört? Für einen ganz bestimmten Menschen in diesem Land ist dieser Lärm jedoch ein gutes Zeichen. Denn sobald das Flugzeug mit der vielleicht wertvollsten Fracht überhaupt gelandet ist und vor dem schlicht gehaltenen General Aviation Terminal parkt (zum GAT siehe auch »*Jetset statt Privatjet*«), übernimmt ein GAT-Beschäftigter die Transportbox und reicht sie an die wartende Rettungsfahrer-Crew weiter. Mit Blaulicht geht es ins Krankenhaus. Im OP-Saal warten sie schon. Das Spenderorgan ist da.

In Frankfurt gilt seit 2011 ein Nachtflugverbot - eigentlich.

Organtransplantationen sind ein Wettlauf gegen die Uhr. An einem der großen Terminals zu parken, würde viel zu viel Zeit kosten. Das GAT in Frankfurt ist die Schnittstelle der kurzen Wege: So viel Sicherheit wie möglich, und gleichzeitig so wenig Zeitverlust wie nötig zwischen Vorfeld und öffentlicher Straße. Eine Spenderlunge beispielsweise muss spätestens nach sechs Stunden wieder durchblutet werden. 2020 wurden allein in Deutschland rund 3.500 Organe transplantiert. Fast drei Mal so viele Patienten warten auf ein neues Herz, eine neue Leber. Da tagsüber die Kapazitäten in den OP-Sälen fehlen, finden die Entnahmen überwiegend nachts statt. Doch oft ist der passende Empfänger mehrere Hundert Kilometer entfernt. Die Deutsche Stiftung Organtransplantation organisiert dann alle erforderlichen Schritte und nimmt unter anderem Kontakt zum Airport auf, um den Flug anzumelden.

Doch lebensrettende Organtransporte sind nicht der einzige Grund für nächtlichen Lärm trotz Nachtflugverbot. Alle 180 Tage finden Vermessungsflüge statt, die das Instrumentenlandesystem (ILS) neu kalibrieren. Das ILS sorgt dafür, dass Flugzeuge bei schlechten Wetterverhältnissen sicher landen – oder wenn unterwegs ein Hagelsturm die Cockpit-Scheibe beschädigt und die Piloten nichts mehr sehen können. So funktioniert das ILS: Sender am Boden funken elektromagnetische Signale, die auf den Cockpitinstrumenten einen virtuellen Tunnel erzeugen, der die Piloten zuverlässig Richtung Landebahn lotst. Neubauten in Flughafennähe oder Fassadenrenovierungen können dieses Messsystem empfindlich irritieren. Deshalb dreht in der verkehrsarmen Zeit eine Beechcraft King Air 350, vollgestopft mit technischem Equipment, regelmäßig ihre luftigen Runden und prüft die Signalwerte.

Ein weiterer nächtlicher Ausnahmefall sind Katastrophen- oder medizinische Hilfseinsätze. Im Frühjahr 2020, zu Beginn der Corona-Pandemie, landeten in Frankfurt zwischen 23 und 5 Uhr zahlreiche Evakuierungsflüge, als die Bundesregierung insgesamt rund 240.000 im Ausland gestrandete Urlauber zurückholte. Parallel wurden Tonnen an medizinischen Masken und Schutzkleidung überwiegend aus Fernost eingeflogen. Auch diese Frachtmaschinen durften mehr oder weniger rund um die Uhr den Airport ansteuern.

So, und jetzt kommen wir zu dem Lärm, der tatsächlich ärgerlich, aber manchmal trotzdem unvermeidbar ist, zum Beispiel, wenn Gewitter, starker Schneefall oder eine Drohnensichtung einen Start bis 23 Uhr verhindern. Dann kann das Hessische Ministerium für Wirtschaft, Energie, Verkehr und Wohnen im Einzelfall bis 24 Uhr verspätete Flugbewegungen genehmigen. Wer es ganz genau wissen will: Das Umwelt- und Nachbarschaftshaus (@umwelthaus) twittert jeden Tag die exakten Zahlen.

2.800 METER BETON

Gefühlt trennt die Landebahn Nordwest nicht nur eine sechsspurige Autobahn vom Rest des Flughafens. Sie ist, obwohl jüngstes Familienmitglied, der etwas schwierige Onkel, der allen ein bisschen peinlich ist. Andererseits – ohne ihn würde auch etwas fehlen. Oder wie sonst ist es zu erklären, dass im Frühjahr 2020 zahlreiche Frankfurter zum Aussichtspunkt »Düne« pilgerten, um mit eigenen Augen den neuen Mega-Parkplatz zu sehen? Die abgestellten Flugzeuge auf der stillgelegten Piste avancierten zum Symbolbild der Anfangstage der Corona-Pandemie, das selbst einige hartgesottene Flughafen-Ausbaugegner irritierte.

Ende des vergangenen Jahrtausends hatte der Flughafenbetreiber lange gezögert, seine Expansionspläne zu veröffentlichen. Die har-

Heute ist die Aussichtsplattform an der neuen Landebahn ein beliebter Spotter-Treffpunkt.

ten Auseinandersetzungen um die Startbahn West, die so furchtbar in den tödlichen Schüssen auf zwei Polizisten eskalierten (siehe auch »*Das Dorf im Wald*«), hatten tiefe Spuren hinterlassen. Doch die Kapazitätsfenster in Frankfurt wurden immer kleiner, zugleich zeigten alle Prognosen für den weltweiten Flugverkehr in eine Richtung: nach oben. Zwei Jahre sondierte eine Mediationsrunde, in der neben den Flughafenbetreibern auch Umweltschützer und Anwohner vertreten waren, das Für und Wider. 2000 präsentierte sie die Ergebnisse. Ausbau ja, aber inklusive »Anti-Lärm-Pakt« und sechsstündigem Nachtflugverbot zwischen 23 und 5 Uhr. So kam es dann auch. Am 21. Oktober 2011 schwebte Bundeskanzlerin Angela Merkel höchstpersönlich im Regierungsflieger zur Eröffnung ein und sprach von »einem Gewinn für die Region«. Das sahen die sich gerade formierenden Montagsprotestler ganz anders.

Zwischen Mediation und Bundeskanzlerin lagen aber nicht nur elf Jahre, 2.800 Meter Beton, zwei imposante Autobahnbrücken, ein neuer Tower sowie eine neue Feuerwehrstation. 11.372 Frösche und Kröten, 805 Eidechsen, 17 Ameisenvölker sowie seltene Heuschreckenarten zogen um. 281 Nistkästen und über 300 künstliche Baumhöhlen standen bereit, um Vögeln und Fledermäusen eine Ersatzheimat zu bieten. Als Ausgleichsmaßnahme für die gerodeten Waldflächen hatte sich der Flughafenbetreiber zu Ersatzaufforstungen verpflichtet. So entstanden neuer Auwald entlang des Rheins bei Trebur oder weitere Naturflächen wie Streuobstwiesen.

Komplett verschwunden ist auch ein ganzes Chemiewerk, das am westlichen Ende mitten in der Einflugschneise gestanden hätte. Man muss kein Fan von Katastrophenfilmen sein, um sich einige Schreckensszenarien auszumalen, die diese Konstellation bedeutete. Die

Störfallkommission des Bundes schaltete sich ein, doch der amerikanische Konzern, dem das Ticona-Werk gehörte, wehrte sich lange gegen Fraports Kauf-Avancen. Am Ende legte der Betreiber 650 Millionen Euro Entschädigung auf den Tisch. Das reichte. 2009 konnten die Bauarbeiten beginnen. Kosten des Projekts inklusive Umweltausgleich und Fabrikumzug: mehr als 1,4 Milliarden Euro.

Doch bevor die Landebahn im Oktober in Betrieb ging, durften die Frankfurter das Terrain in Besitz nehmen. Rund 80.000 Tickets standen für das zweitägige »Happy Landings«-Volksfestwochenende im Juni bereit, insgesamt gab es mehr als 150.000 Anmeldungen. Vier Monate später hieß es »Happy Landing« für den ersten Linienflug, auch dieser symbolträchtig gecastet. Der Lufthansa Airbus A321 (A-AIDG) aus Hamburg gilt als »Bioflieger«, da sein Triebwerk zu 50 Prozent mit bio-synthetischem Kerosin läuft (siehe auch »*186 Millionen Liter Kerosin*«).

Greenwashing, murrten die Gegner, und überhaupt, dieser Lärm, noch näher an die Stadt herangerückt! Wir bemühen uns ja, heißt es dann beim Flughafenbetreiber: Aktiver Schallschutz, passiver Schallschutz, effizientere Anflugverfahren oder höhere Lärmentgelte für laute Maschinen, um Fluglinien zu zwingen, leisere Flugzeuge zu verwenden.

Immerhin, der Betrieb am größten deutschen Luftverkehrsdrehkreuz hat von der neuen Bahn profitiert. Seit Oktober 2011 sind 43 Prozent aller Flugzeuge in Frankfurt auf der Nordwest-Landebahn gelandet, sie haben damit die anderen Runways deutlich entlastet. Und sie liefern stets ganz andere, faszinierende Symbolbilder, wenn zum Beispiel der Airbus A340, der gerade aus Dallas kommend gelandet ist, über eine der beiden Autobahnbrücken Richtung Terminals rollt.

ZUG AUF RÄDERN

Der Lieblingsplatz? Selbstverständlich ganz vorn, direkt hinter der großen Frontscheibe. Die Türen schließen. Und los geht die viel zu kurze Fahrt von Terminal 2 Richtung Terminal 1. Flughafen-Profis wissen, dass gleich dieser eine spezielle Panoramablick aufs Vorfeld nur wenige Sekunden dauert. Dann verschwindet die SkyLine-Bahn schon wieder zwischen den Flughafengebäuden und steuert die nächste Station an.

Aber wer steuert hier eigentlich? Als 1994 das Passagier Transfer-System (PTS) – so heißt die SkyLine-Bahn offiziell – als erstes fahrerloses Transportsystem in Deutschland in Betrieb ging, war die Bahn ein bestauntes Novum. Erst 2008 folgte in Nürnberg mit der U-Bahn-Linie 3 das nächste vollautomatische System. Ob Türöffnung, Sprachansagen oder der zentimetergenaue Stopp an den Haltepunkten in den Bahnhöfen – das alles regelt die Elektronik. Steht zum Beispiel ein Zug länger als geplant in der Station, wird diese Verzögerung automatisch weitergeleitet und der nächste Zug bremst sanft ab.

Nächste Überraschung: Der Zug ist gar kein Zug, sondern ein verkappter Bus samt Gleichstrommotor. Er rollt auf Gummireifen auf einer Betonfahrbahn, in deren Mitte sich eine Führungseinrichtung sowie drei Stromschienen befinden. 3,8 Kilometer lang ist die Gesamtstrecke, zu Spitzenzeiten sind sieben Züge im Einsatz, die im Loop-Betrieb die vier Bahnhöfe ansteuern.

Je zwei Waggons bilden einen Zug. Jeder Waggon ist so programmiert, dass er »weiß«, ob er seine Türen nur für den Transitbereich »Non-Schengen« (wie zum Beispiel in der Station bei Flugsteig C) öff-

Die SkyLine-Bahn war Deutschlands erstes fahrerloses Transportsystem.

nen darf oder für den öffentlich zugänglichen, über den die übrigen Fahrgäste ein- und aussteigen. Bei Hochbetrieb hält alle 90 Sekunden ein Zug in der Station. 4.500 Passagiere können pro Stunde von Terminal zu Terminal fahren, am Tag sind es bis zu 35.000 Menschen.

Und hier kommt noch eine Zahl fürs Guinness-Buch der Rekorde: 99,8 Prozent durchschnittliche Verfügbarkeit! Bitte ein bisschen mehr Wertschätzung für diese Zahl (und dafür muss man nicht bei der Deutschen Bahn arbeiten). Denn das heißt übersetzt, dass der

Shuttle-Betrieb am Tag maximal drei Minuten steht. 23 Stunden und 57 Minuten jedoch rollen die Züge hin und her – und das seit 1994, 365 Tage im Jahr.

Ja, wir würden jetzt auch gern weiterfahren. Am besten einmal um den ganzen Flughafen herum! Oder zumindest noch mit etwas mehr Premium-Blick auf die Start- und Landebahnen, nicht immer reicht die Zeit für eine Extra-Besucherrundfahrt. Es gibt gute Nachrichten: Längst laufen die Vorbereitungen für eine oberirdische Verlängerung der SkyLine-Bahn an der Ostflanke entlang zum neuen Terminal 3. Wobei es streng genommen keine Verlängerung ist, sondern eine komplett neue Trasse, deren markante Betonträger bereits vor Terminal 2 zu sehen sind. Verschwunden ist auch die Sheraton-Brücke an Terminal 1, sie weicht einer neuen Bahnstation in der Nähe des Fern- und Regionalbahnhofs. Hier können Reisende und Besucher spätestens 2026 einsteigen, und nach zwei weiteren Stopps rauschen die Waggons mit 80 km/h Richtung Terminal 3. Kleine Wette: 95 Prozent der Fahrgäste werden in dieser Fahrtrichtung an der rechten Fensterfront kleben. Wen interessiert schon eine achtspurige Autobahn, wenn auf der anderen Seite ein Weltflughafen großes Kino spielt?

Aber auch diese Fahrt ist letztlich nur ein Kurzfilm. Nach 5,6 Kilometern und rund acht Minuten Fahrzeit schließt sich der Vorhang. Kein Problem, in spätestens 90 Sekunden geht es wieder zurück. Hoffentlich ist noch Platz hinter der großen Frontscheibe!

186 MILLIONEN LITER KEROSIN

Vielleicht ist das Tanklager ein guter Ort, um über Flugscham zu reden. Seit 2020 zählt das Wort zum offiziellen deutschen Sprachgebrauch. Meint zumindest der Duden, der es samt Bedeutung („schlechtes Gewissen, das Klima beim Reisen mit dem Flugzeug (vor allem durch den hohen CO_2-Ausstoß) zu belasten«) in sein Wörterbuch aufgenommen hat. Was dieses ungute Gefühl mit dem Tanklager zu tun hat? Kommen wir gleich noch zu.

Schauen wir uns erst den eigentlichen Tankvorgang an. Die zehn riesigen, weißlackierten Lagertanks direkt neben der Jumbo-Wartungshalle können rund 186 Millionen Liter Kerosin fassen, das entspricht 74 olympischen Schwimmbecken. Angeliefert wird das Kerosin über Pipelines von Tanklagern in Gustavsburg, Raunheim und Kelsterbach. Über eine weitere Pipeline kommt der Treibstoff zudem direkt vom Hafen Rotterdam. Auf dem Flughafengelände verläuft dann unter der Erde ein 60 Kilometer langes Rohrleitungssystem, das jeweils an den einzelnen Flugzeugparkpositionen endet. Hier kommen trotzdem Tankfahrzeuge zum Einsatz, aber es sind eher »Durchleitungsfahrzeuge«. Der Mitarbeiter überbrückt händisch die letzten Meter vom Stutzen im Boden zum Tank in Rumpf oder Flügel per Schlauch beziehungsweise Rohr. Die sogenannten Dispenser-Fahrzeuge sind mit verschiedenen Filtern ausgestattet und regulieren den Druck. Wieviel der Flieger tankt, entscheidet der Pilot. Dabei spielen der Flugzeugtyp, die Beladung, die Flugroute und auch die Wettervorhersage eine Rolle. Ein Airbus A350 tankt 165.000 Liter Kerosin, der A380 fasst bis zu 320.000 Liter.

Auf dem Flughafengelände verläuft ein 60 Kilometer langes, unterirdisches Rohrleitungssystem vom Tanklager zu den Terminals.

Es sind Zahlen wie diese, die das fernwehgeplagte Herz zaudern lassen, bevor es doch das Ticket nach Lissabon bucht – während die innere Flugscham nachdenklich am Greta-Thunberg-Zopf zwirbelt. Fakt ist, dass der Luftverkehr an den weltweiten CO_2-Emissionen einen Anteil von 3,5 bis 5 Prozent hat. Fakt ist auch, dass die Triebwerke in den vergangenen Jahren deutlich sparsamer und die modernen Flugzeugtypen immer leichter und ressourcenschonender wurden.

Nicht zu vergessen die neuen Kraftstoffe: Seit April 2021 fliegen Lufthansa Cargo und DB Schenker einmal pro Woche von Frankfurt nach Shanghai Pudong komplett CO_2-neutral. Zum Einsatz kommt dabei »Sustainable Aviation Fuel«, das vorwiegend aus Biomasseabfällen hergestellt wird, also gebrauchten Pflanzen- und Speiseölen. Somit wird ausschließlich CO_2 freigesetzt, das zuvor der Atmosphäre beim Wachstum der Pflanzen entzogen wurde. Woche für Woche sollen so rund 174 Tonnen herkömmliches Kerosin eingespart werden.

Flughafenbetreiber Fraport hingegen teilt die Bedenken bezüglich Bio-Fuels: Sie stehen in der Kritik, weil Nahrungsmittel zum Einsatz kommen oder große Waldgebiete abgeholzt werden, um Platz zu schaffen für den Anbau der Pflanzen. Stattdessen setzt man in Frankfurt auf die sogenannten Power-to-Liquids-Kraftstoffe, bei denen elektrisch erzeugter Wasserstoff im Synthese-Verfahren mit CO_2 zu einem flüssigen Treibstoff wird. Das Problem: Im Moment sind diese Power-Fuels vier- bis fünfmal teurer als die fossilen Kraftstoffe, weil die Herstellung (noch) zu kostenintensiv ist.

Am Tankprozess selbst würde sich übrigens nichts ändern. Alle synthetischen Kraftstoffe können bereits heute dem normalen Kerosin beigemischt werden – oder es komplett ersetzen.

GENERALPROBE FÜR 19 MILLIONEN

Irgendwann wird auch dieses Warten ein Ende haben. Dann werden die ersten Passagiere die lichtdurchflutete Halle von Terminal 3 betreten, ihre Koffer aufgeben, durch die Sicherheitskontrollen gehen und feststellen, dass an den Gates kein einziges Flugzeug steht. Jetzt wird es noch mysteriöser. Denn die Fluggäste sind gar nicht echt, ebenso wenig ihre Tickets, Bordkarten, ihr Gepäck und ihr Reiseziel. Alles fake! Skandal! Im Gegenteil. Das Ganze nennt sich Probebetrieb und ist essentiell, bevor ein Flughafen oder Teilbereich neu eröffnet wird. Ach, was soll schon groß schief gehen? Fragen Sie nach in London-Heathrow. Dort hatten sie sogar fleißig geprobt, mit echtem Gepäck und keinen Attrappen. Doch die Koffer waren stets leer. Prompt ging im neuen Terminal 5 am ersten echten Reisetag die Gepäckanlage in die Knie. Tausende Koffer blieben liegen. Ein Marketing-Debakel.

Beim Flughafenbetreiber in Frankfurt hat sich eine komplette Abteilung auf die Beratung bei der Inbetriebnahme von Flughafeninfrastruktur spezialisiert und reist dafür um die halbe Welt. Alles wird geprobt, alles wird getestet. Tausende Komparsen in Neonwesten und mit Zetteln in der Hand wuseln dann durch das Gebäude. Stimmt die Wegeführung? Fehlen noch Schilder? Wissen die Beschäftigten, wo die Toiletten sind oder das Sperrgepäck abgegeben wird? Funktionieren die Aufzüge? Und die Frage aller Fragen: Findet der Passagier möglichst zügig zum Gate? Darauf beruht, wir kürzen 100 Jahre Flughafenarchitektur gewagt ab, die ganze Planung. Hier ist nicht der Weg das Ziel, sondern der Weg führt stets zum Ziel. Entweder zum Flugzeug. Oder zum Auto, zur Bahn, zum Fahrrad (Terminal 3 lockt mit mehreren Hundert Fahrrad-Stellplätzen, 30 davon für E-Bikes).

Ein Flughafen ist immer noch ein Ort des Durchgangs, nicht des Verweilens – auch wenn sich die Architekten alle Mühe geben.

Christoph Mäckler beispielsweise, dessen Büro den Entwurf für Terminal 3 verantwortet, ist Architekt und Stadtplaner. Folglich hat er bei seinem Entwurf das Konzept von Straßen, Häusern und Plätzen auf die 240 mal 150 Meter große Terminal-Fläche samt angeschlossener Piers übertragen. Tageslicht und Naturtöne dominieren Check-In-Area, Sicherheitskontrollen, Markplatz und Gate-Bereiche, ein Quellluftsystem sorgt für angenehmes Klima.

Überhaupt das Thema Nachhaltigkeit: Mal abgesehen von energieeffizienten Vorgaben, die bei Neubauten heute ohnehin schon gelten, muss ein Projekt dieser Größenordnung mehr bieten als ein paar Photovoltaikanlagen auf dem Dach. So gibt es zwei komplette Wasserkreisläufe. Einer für Trinkwasser und einer für Brauchwasser. Bei Regen fließt das Dachflächenwasser in Rückhaltebecken und wird zu Brauchwasser aufbereitet. Ist das Becken voll, reicht es, um im gesamten Terminal 3 den Bedarf an Toilettenspülungen oder Blumengießen für drei Tage zu decken. Die LED-Beleuchtung spart Strom, ebenso der Fokus auf Wärmerückgewinnung und Tageslichtnutzung, unter anderem dank der imposanten 18 Meter hohen Rund-um-Glasfassade. Der leichte Innenknick auf sechs Meter Höhe ist keine architektonische Spielerei, sondern ein Sicherheitskniff. Er verhindert eine ungünstige Reflektion der Radarstrahlen, die an einem Flughafen fatale Folgen haben könnte.

Haustechnik, Brandschutz, Fluchtwege, Besucherströme, Sicherheitschecks, Warentransport – es gibt so viel einzuplanen bei einem Gebäude, das später 19 Millionen Passagiere nutzen werden (2026 soll es so weit sein) und in einer optionalen Ausbaustufe 25 Millionen Passagiere. 25 Millionen – das entspricht dem kompletten Passagieraufkommen eines (normalen) Jahres am Flughafen Düsseldorf. Wie realistisch das ist? Noch im Dezember 2019 hatte das Deutsche Zentrum für Luft- und Raumfahrt prognostiziert, dass sich bis 2040 die Passagierzahlen weltweit auf rund 9,4 Milliarden verdoppeln würden. Weltweit! Denn auch das darf man nicht vergessen: Während in Europa hitzige Debatten über Flugscham, Klimakatastrophe und den persönlichen CO_2-Abdruck geführt werden, bauen Millionenmetropolen in Asien einen Flughafen nach dem anderen. Wäre zudem eine Welt ohne Flugverkehr automatisch die beste aller Welten? Fliegen bedeutet auch, Krisenregionen so schnell wie möglich mit Medikamenten, Zelten und Babynahrung zu versorgen. Oder Containerladungen voller Impfstoff um die Welt zu schicken, um eine Pandemie zu bekämpfen. Und wer will definieren, ab wann Fliegen reines Privatvergnügen ohne gesellschaftlichen Hintergrund ist? Jede Reise,

Aus der Simulation wird Realität: Terminal 3 mit seinen drei Piers wächst kontinuierlich.

jeder Kontakt mit anderen Kulturen hinterlässt Spuren. Dennoch muss und wird Fliegen in Zukunft umweltfreundlicher und nachhaltiger werden. Die Technologien sind längst vorhanden.

Großbaustelle Terminal 3: 2026 sollen die ersten Passagiere einchecken.

BOXENSTOPP FÜR FLUGZEUGE

Turnaround, der: Zeitraum, in dem sich ein Flugzeug am Boden befindet und ent- bzw. beladen, gereinigt, betankt und für den Weiterflug vorbereitet wird. Also ein Boxenstopp für Flugzeuge gewissermaßen? Ja und nein. Ja, weil ähnlich wie in der Formel 1 die Abläufe der einzelnen Handlungen präzise aufeinander abgestimmt sind. Und nein, weil der Turnaround mehr ist als ein simples Abarbeiten einer festgelegten Prozesskette. Hier schließt sich der Kreis und fängt zugleich ein neuer an. Im Flugverkehr gibt es keine Landung ohne Start.

Also landen wir doch einfach um 16.30 Uhr mit LH 1339 aus Budapest. Der Vorfeldlotse teilt der Pilotin mit, welche Parkposition sie ansteuern soll. Das Flugzeug parkt. Die Pilotin schaltet die Turbinen aus. Flugs noch Bremsklötze hinter die Räder geklemmt, schon beginnt der Turnaround. Wir haben Glück, heute stehen wir am Flughafengebäude und können direkt über die Fluggastbrücken aus – Moment. Die sind ja noch gar nicht angedockt. Ein letzter Ruck des Technikers mit dem Joystick, kurzes Nachjustieren, dann erst öffnen sich die Kabinentüren. Würden wir auf dem Vorfeld stehen, müssten wir die herangerollte Gangway nehmen und schnurstracks den wartenden Transferbus ansteuern.

Endlich, wir können aussteigen. Und nehmen uns diesmal Zeit, genau zu beobachten, was jetzt passiert. Jeder der Flugzeugabfertiger hat eine bestimmte Aufgabe. 16.55 Uhr: Koffer, Reisetaschen, Kinderbuggys laufen über ein Förderband aus dem Laderaum und werden auf einen Gepäckwagen verfrachtet. Größere Container nimmt ein spezieller Hubwagen in Empfang. Da, das weiße Gefährt dort, das ist der Honey-Truck, der die Abwassertanks des Flugzeugs leerpumpt

Der Turnaround ist fast beendet, die Passagiere steigen bereits ein.

(siehe auch »*Der Honey-Truck*«). Ein weiterer Lkw fährt vor, der Mitarbeiter riegelt einen Schlauch an und 250 Liter gluckern in den Frischwasser-Tank. Fröhlich plaudernd entern die Reinigungskräfte um 17.05 Uhr das Flugzeug und kümmern sich um zerknüllte Zeitungen, benutzte Decken, weggestopfte Papierbecher und was sonst noch so liegen bleibt. Böden, Bordküche, Toiletten, Cockpit – alles wird einmal gewischt und gereinigt.

Unterdessen ist ein weiterer Tankwagen vorgefahren. Zwar wird der Treibstoff vom Tanklager unterirdisch zu den jeweiligen Parkpositionen geleitet, aber die letzten Meter vom Stutzen im Boden zum Rumpf oder Flügel werden händisch per Schlauch überbrückt (siehe auch »*186 Millionen Liter Kerosin*«). Je nach Flugzeugtyp fließen meh-

Sobald das Flugzeug am Gate angedockt hat, folgen die nächsten Turnaround-Schritte.

rere Tausend Liter Treibstoff ein. Gleichzeitig wird neues Essen eingeladen.

Auch der Belly füllt sich langsam. Es ist 17.15 Uhr, über das Förderband rollen jetzt Fracht- und Gepäckstücke in die andere Richtung. Im niedrigen Laderaum kniet einer der Flugzeugabfertiger und wuchtet die Koffer an ihren Platz. Der Ramp-Agent hat dabei immer das Gewicht im Blick und sorgt dafür, dass die Ladung gleichmäßig verteilt wird. Das sogenannte Loadsheet listet aber nicht nur Gewicht und Kerosin, Fracht, Gepäck und Post, Anzahl anwesender Kabinenmitglieder, geladenes Trinkwasser und Essen auf. Es informiert Piloten-Crew und Kabinenbesatzung zusätzlich über Spezialfracht sowie Details zu den Passagieren (fliegen Menschen mit eingeschränkter Mobilität mit, wer hat welches Spezialessen bestellt, wer hat welchen Anschlussflug?).

17.20 Uhr. Der Co-Pilot macht einen Kontrollgang ums Flugzeug. Das Boarding der Passagiere beginnt. Die Kabinentüren schließen sich. Ein letzter Blick auf die Uhr: 18.00 Uhr. Der Schlepper für den Pushback steht bereit und bringt das Flugzeug zum Taxiway, auf dem es bis zur Startbahn fährt. Der Flieger hebt ab. Und landet zwei Stunden später in Budapest. Wo ein neuer Turnaround beginnt.

MIT 30 KM/H AUF DER ÜBERHOLSPUR

Liebe Flugzeuge, zugegeben, ihr seid die Protagonisten in der großen Flughafen-Oper, die jeden Tag in Frankfurt aufgeführt wird. Ohne euch bliebe der Vorhang stets geschlossen. Aber ihr wärt nichts ohne die Komparsen, die um euch herum ein kunstvoll choreographiertes Perpetuum mobile orchestrieren. Rund 4.000 Fahrzeuge sind in Frankfurt tagtäglich gleichzeitig auf dem Vorfeld unterwegs. Elektroschlepper, Feuerwehr, Transporter, Airport Security, Transferbusse, Cateringwagen, Palettenhubwagen, VIP-Limousinen – was nach erstaunlich gut funktionierendem Zufalls-Potpourri aussieht, folgt selbstverständlich einer höheren Logik.

Faustregel Nummer 1: Das Flugzeug hat immer Vorfahrt. Egal ob von rechts oder links. Faustregel Nummer 2: Tempo 30 auf dem gesamten Gelände ist längst gelebte Realität statt revolutionärer Verkehrsexperten-Wunsch. Alle weiteren Regeln lernt man bei den Vorbereitungen für den Vorfeld-Führerschein, zum Beispiel auch, welche Bodenmarkierungen zu beachten sind (weiß für die Fahrstraße, gelb für den Rollverkehr), welche Parkregeln gelten (auf Rollbahnen strengstens verboten) und welcher Abstand hinter den Turbinen einzuhalten ist (mindestens 75 Meter). Sogar Radarkontrollen finden regelmäßig statt oder Stichproben, ob der Gurt angelegt ist. Je nach Vergehen gibt es Punkte. Nicht in Flensburg, aber zumindest in einer internen Kartei. Meistens reicht eine Ermahnung.

Insgesamt sprechen wir von rund 20.000 Fahrzeugen, die am Frankfurter Flughafen bewegt werden. Noch sind es Menschen, die, entsprechend geschult, das Perpetuum mobile fleißig in Schwung halten. Aber schon bald könnten GPS-gesteuerte, autonome Prototypen

Rund 4.000 Fahrzeuge sind in Frankfurt tagtäglich gleichzeitig auf dem Vorfeld unterwegs.

zum Einsatz kommen, um auf definierten Routen den Gepäcktransport zu organisieren oder die Crew ins Terminal zu chauffieren. Es geht auch größer: In einem Pilotprojekt war auf einem stillgelegten Landeplatz ein Winterdienstkonvoi im Einsatz. Im ersten Fahrzeug saß ein Fahrer, die restlichen Fahrzeuge hingen an seiner digitalen Kette und räumten in typischer Kolonnen-Formation die Rollbahn.

Und während Deutschlands Autofahrer noch bis vor zwei Jahren eher zögerlich dem Elektroantrieb eine Chance gaben, hatte sich der Flughafen längst auf die Überholspur begeben. Allein beim Flughafenbetreiber »tanken« mittlerweile rund 500 Fahrzeuge, angefangen vom kleinen Schlepper bis zum großen Container-Hubwagen, an der Steckdose. Was bei herkömmlichen (fossilen) Antrieben auf Dauer die Warnlämpchen in den hellroten Bereich treibt, zählt zu ihren Kernkompetenzen. Ob Stop-and-go-Verkehr, kurze Strecken oder niedrige Höchstgeschwindigkeit – alles kein Problem. Geladen wird über Nacht, wenn der Flugbetrieb ruht, und auch tagsüber ist die nächste Steckdose nicht weit. 14 Prozent beträgt derzeit der Anteil am flughafeneigenen Fuhrpark, Tendenz steigend. Bis 2030 soll die Hälfte der Fahrzeuge emissionsarm unterwegs sein. Netter Nebeneffekt: Leiser wird es ebenfalls auf dem Vorfeld.

Vorbei sind auch die Zeiten, als Elektrofahrzeuge als Fliegengewichte im Fracht-Einsatz galten. Für das elektrisierte Kraftpaket eSchlepper der Lufthansa ist sogar ein Airbus A380 keine große Herausforderung. Die Lithium-Ionen-Akkus liefern 700 Kilowatt und setzen notfalls bis zu 600 Tonnen in Bewegung.

Was hatten wir jetzt alles? Führerschein, Punkte, Radarkontrollen, Parkregeln, E-Mobilität. Fehlt nur noch der Pannendienst. Ach, auf dem Vorfeld doch nicht! Doch. Wird intern sogar jovial »Vorfeld-ADAC« genannt. Die gelben Engel tragen meistens Blaumann, haben ihre Basis auf dem nördlichen Flughafengelände und bei 34.000 vorrätigen Ersatzteilen garantiert immer die richtige Dichtung oder den passenden Reifen auf Lager.

Die E-Flotte am Flughafen wächst ständig.

-AIUB
KCT 0214
0242

STABIL VERSORGT

Erinnern Sie sich noch an den letzten Stromausfall daheim? Kühlschrank, Fernseher, Türklingel, Ladegeräte, Wasserkocher, Kaffeemaschine – nichts ging mehr. Wie elektrisiert unser Alltag heutzutage ist, merkt man erst dann, wenn der Strom mal nicht da ist. So, und jetzt stellen Sie sich das am Flughafen vor. Aufzüge, Brandschutzmelder, Infogates, Check-In-Automaten, Kühlvitrinen, Körperscanner, Ladenkassen, Gepäckförderanlage. Nichts geht mehr. Alles still, alles dunkel. Die gute Nachricht: Das kann eigentlich nie passieren. Allein 68 Notstromaggregate sorgen am Frankfurter Flughafen dafür, dass eine stabile Stromversorgung jederzeit gewährleistet ist.

Denn der Flughafen steht tatsächlich ständig unter Strom. Hier arbeiten rund 80.000 Menschen, hinzu kommen täglich rund 200.000 Passagiere. Es ist eine Stadt in der Stadt, und entsprechend groß ist auch der Energieverbrauch der Airport City: 1.268 GWh, so viel wie zum Beispiel Heidelberg, Jena oder Ingolstadt. Jahrzehntelang entfielen auf den Flughafen rund 18 Prozent des gesamten städtischen Strombedarfs. 2016 haben ihn die großen Rechenzentren im Frankfurter Osten knapp überholt.

Ob Restaurants, Flughafenklinik, SkyLine-Bahn, Parkhäuser, Büros, Kantinen – sie alle brauchen Strom, Strom, Strom. Die Energiekosten nur für die Gebäude und Einrichtungen, die dem Flughafenbetreiber gehören, summieren sich stündlich auf einen fünfstelligen Euro-Betrag. 180 über das Gelände verteilte Trafostationen stillen diesen Hunger. In der zentralen Elektro-Leitwarte laufen die Leitungen zusammen, von hier aus wird unter anderem die Energieversorgung der Heizungs-, Lüftungs-, Beleuchtungs-, Sanitär- und Klimaanlangen

Fahrstühle, Klappertafeln, Rolltreppen, Toiletten, Kaffeemaschinen – der Flughafen braucht jede Menge Energie und Wasser.

sowie der Gebäudeautomation oder der Gepäckförderanlage gesteuert. Noch handelt es sich überwiegend um konventionell produzierten Strom, der jedoch peu à peu durch regenerative Energien ersetzt werden soll. So wird der Flughafenbetreiber ab 2026 Strom aus einem Offshore-Windpark in der Nordsee beziehen. Schon jetzt liefert eine Photovoltaikanlage in der CargoCity Süd im Jahr etwa 1,5 Millionen Kilowattstunden klimaneutralen Strom – das würde reichen, um ein Jahr lang 450 Vier-Personen-Haushalte zu versorgen.

Heizung ist auch ein gutes Stichwort. Der Flughafen hat nämlich auch eine Zentralheizung. Gewissermaßen. Sie steht in Frankfurt-Niederrad. Das Heizkraftwerk direkt am Main versorgt den Flughafen mit Fernwärme beziehungsweise 130 Grad Celsius heißem Wasser. Die damit erwärmte Luft durchströmt das kilometerlange Lüftungskanalnetz der Terminals. 21 bis 22 Grad gelten bei Besuchern und Passagieren als ideale Wohlfühl-Temperatur.

Wärmetauscher kühlen bei Bedarf die angesaugte, gefilterte Außenluft herunter. Reicht das nicht aus, kommt das Heiz-Kälte-Werk des Energieversorgers Mainova ins Spiel. Die »Wolkenfabrik« steht zwischen Terminal 1 und Terminal 2 und ist mit 67 Megawatt Kälteleistung eines der größten in ganz Europa. Im Prinzip funktioniert das Werk nicht anders als der heimische Kühlschrank. In Kompressionskältemaschinen wird Kälte erzeugt, doch anders als beim Kühlschrank, der die dabei entstehende Wärme an die Luft abgibt, kommt hier Kühlwasser zum Einsatz, das die Wärme entzieht. In teils wohnwagengroßen Kühltürmen auf dem Dach, über denen die typischen Wolken wabern, wird das Wasser auf die erforderliche Temperatur gebracht. Am Ende der Prozesskette fließt sechs Grad kaltes Wasser zu den Fraport-Anlagen.

Apropos Wasser – perfekte Vorlage für die nächste Zahlenflut. Rund 4,8 Millionen Liter Wasser rauschen am Tag durch das 130 Kilometer lange Rohrnetz am Flughafen – das entspricht zwei Olympischen Schwimmbecken. Allein die Flugzeuge tanken täglich rund 140.000 Liter Frischwasser. Im Jahr summiert sich das auf beeindruckende 2,21 Millionen Kubikmeter. Zum Vergleich: Die Stadt Frankfurt kommt am Tag auf 124 Millionen Liter Trinkwasser für 750.000 Einwohner und 350.000 Pendler (Jahresabsatz: 46 Millionen Kubikmeter Wasser). Ein Kubikmeter Wasser – das sind 5.555 Tassen Kaffee. Oder 2.500 Mal die Zähne putzen. Oder 200 Mal Spaghetti kochen. Doch es ist nicht nur wertvolles Trinkwasser. Für Sprinkleranlagen, Toilettenspülungen und die Beregnung der Grünanlagen fließen Regen- und Brunnenwasser sowie aufbereitetes Mainwasser durch die Rohre.

UND JETZT ZUM WETTER

Kennen Sie das? Da redet man über den Ausflug zum Luftbrückendenkmal und fragt kurz nach, ob der angekündigte Regen schon da ist. Doch statt aus dem Fenster zu schauen, checkt unser Gegenüber auf dem Handy den Niederschlagsradar und verkündet »Oh, es regnet!«, während am Fenster die ersten Tropfen herabrinnen. Die Flugwetterwarte in der Nähe der Startbahn West ist vollgepackt mit technischen Messinstrumenten, und dennoch schaut man hier, tatsächlich, immer noch aus dem Fenster: Alle 30 Minuten schickt ein kurzer Alarmton den diensthabenden Mitarbeiter vor die Tür. Wie viel hat es geregnet, wie viel geschneit? Wie tief hängen die Wolken? Wie ist die Fernsicht? Das alles erfasst das geschulte Auge binnen kürzester Zeit und wird umgehend an den Tower sowie die Zentrale des Deutschen Wetterdienstes in Offenbach weitergeleitet. Noch. Denn in diesem Jahr übernimmt komplett Kollege Technik diese Aufgaben.

Die Wetterdaten sind nicht nur für die Piloten und Airlines unerlässlich. Sie sind gleichzeitig Entscheidungsgrundlage für die Lotsen der Deutschen Flugsicherung, um zum Beispiel bei extremen Wetterlagen den Flugbetrieb einzustellen. Auch der Flughafenbetreiber braucht verlässliche Daten, um rechtzeitig den Winterdienst zu mobilisieren oder Gewitterwarnungen an die Vorfeld-Beschäftigten weiterzuleiten (siehe auch »*10.000 Ampere*«).

Die Messinstrumente sind über das gesamte Flughafengelände verteilt und zeichnen permanent Daten zu Temperatur, Niederschlag, allgemeiner Windrichtung und -geschwindigkeit sowie Luftdruck auf. Spezielle Masten an den Start- und Landebahnen halten ihre

Fühler in den Wind, um die Piloten vor Böen oder starkem Seitenwind zu warnen. Zusätzlich sind Infrarot-Sichtmessgeräte positioniert, die Alarm schlagen, wenn der Nebel zu dicht wird. All diese Informationen werden sowohl flughafenintern genutzt als auch via Satellit in ein weltweites Wetterinformationssystem eingespeist.

Der Deutsche Wetterdienst betreibt die Flugwetterwarte am Airport als eine von 181 sogenannten hauptamtlichen Wetterstationen. Ihr Mess-Netz ist kreuz und quer über Deutschland gespannt und liefert ununterbrochen alle relevanten statistischen Werte, die die Meteorologen für ihre Wettervorhersagen nutzen – und mit denen auch die Wetter-Apps gefüttert werden.

Die vollständige Automatisierung der Wetterstationen begann 2014 auf dem Feldberg im Schwarzwald. Selbst prominente Stationen wie auf der Zugspitze, der Wasserkuppe oder dem Brocken im Harz sind mittlerweile verwaist. Und ab nächstem Jahr dann auch der Flughafen Frankfurt.

Scheint auch morgen die Sonne? Am Flughafen werden viele Wetterdaten gesammelt.

IM WINTER, WENN ES SCHNEIT

Orange, so sagt die Farbenlehre, steht für Gesundheit, Frische, Energie. Gibt es also einen idealeren Farbton, um im Winter dem nieselgrauen Alltag zu trotzen und sich zu Licht und Wärme zu bekennen? Doch das ist nicht der Grund, warum die Winterfahrzeuge am Flughafen durchweg orange lackiert sind, sondern es entspricht schlicht der DIN-Norm für Spezialfahrzeuge dieser Art. Die Signalfarbe wird auch bei schlechtem Wetter vom menschlichen Auge im extrem seitlichen Bereich noch wahrgenommen. Und schlechtes Wetter ist eine Grundvoraussetzung für den Einsatz der Räumkolonne.

Denn Flugzeuge haben keine Winterreifen. Ihre Reifen haben auch kein Allwetterprofil, so dass sie beim Landen oder Starten auf Schnee mangels Grip wegrutschen würden. Der Winterdienst am Flughafen sorgt dafür, dass stets mindestens eine Landebahn schnee- und eisfrei ist, selbst nachts – für Notlandungen oder eilige Organtransporte.

Müssen die knapp 800 Winterdienstler rund um die Uhr parat stehen, um die orangene Kolonne in Bewegung zu setzen? Es gibt ein festgelegtes Prozedere: Wenn sich eine ungemütliche Kaltfront ankündigt, informiert der Wetterdienst den Flugbetriebsleiter sowie den Winterdienstkoordinator. Manchmal reicht es, die Streufahrzeuge hinauszuschicken. Nicht so beim »Großen Winterdienst«. Dann stehen alle vorhandenen Einsatzzüge bereit, um nach einem vorgeschriebenen Räumkonzept das Start- und Landebahnsystem zu räumen.

Ein Einsatzzug – das sind 21 Fahrzeuge! Vorweg fährt das Einsatzfahrzeug. Ihm folgen bis zu 14 Schneeräumfahrzeuge, die versetzt die Start- und Landebahn räumen. 80 Prozent des Schnees schiebt

Maximal 30 Minuten brauchen die Winterdienstler, um eine Startbahn zu räumen.

der Schneepflug zur Seite. Kehrbesen und Blasdüse erledigen den Rest. Ein 360-PS-starker Motor treibt das Fahrzeug an. Der Kehrbesen dreht sich 720 mal pro Minute um die eigene Achse. Mit 140 Metern pro Sekunde schießt der Wind aus der Düse. Eine Schneefräse schleudert den so zur Seite geschobenen Schnee auf die Grünflächen zwischen den Bahnen. Kolonnen-Schlusslicht sind stets die Streufahrzeuge, die ein umweltverträgliches Enteisungsmittel verteilen. Maximal 30 Minuten dauert es, bis die 60 Meter breite sowie rund 4.000 Meter lange Piste geräumt ist. Bereits bei einer dünnen Schneedecke von drei Zentimetern ergibt das rund 34 Tonnen. Hinzu kommen Rollwege und Vorfeldflächen, also alles in allem rund 9,1 Millionen Quadratmeter Betriebsfläche, das sind rund 1.200 Fußballfelder.

Doch bevor die Piste wieder freigegeben wird, hat das fünfte Rad am Wagen seinen großen Auftritt. Ein sogenannter Friction-Tester prüft im Anschluss an die Räumung die Bremswirkung (Friction-Werte). Während der Fahrer auf rund 100 Stundenkilometer beschleunigt, lässt er ein zusätzliches Rad, das baugleich ist mit dem Flugzeug-Fahrwerk, hydraulisch ab. Sensoren im Rad messen die Reibungskräfte, also die Bremswirkung des Bodens.

Übrigens, sollten Sie an einem heißen Sommertag im Flugzeug sitzen und auf dem Weg zur Startbahn Winterfahrzeuge vorbei rollen sehen, ist das kein hitzebedingtes Trugbild. Noch bevor die ersten Lebkuchen im Supermarkt stehen, trainieren die Winterdienstler ihren Einsatz. Während Schneeschieber dem imaginären Schnee zu Leibe rücken, tanzen die Signallichter auf den Fahrzeugkabinen. Natürlich in Orange.

TÖDLICHE SOUVENIRS

Sobald es ums Betrügen geht, wird der Mensch erstaunlich erfinderisch. Fragen Sie Zollbeamtinnen und -beamte an Flughäfen in aller Welt. Öffnen sie ihr Kuriositätenkabinett, winken selbst Grimms Märchen skeptisch ab. Das kann doch nicht wahr sein! Doch. Kokain im Büstenhalter, Schokoriegel voller Aufputschmittel, Fische im Unterrock, Walnüsse mit Drogenfüllung, Gold in Krippenfiguren, zu Kaffeebohnen gepresstes und eingefärbtes Koks, Korallen in der Babywindel. Alles schon dagewesen. Alles dokumentiert. Und nein, das ist nicht »ein bisschen gemogelt«, sondern eine satte Ordnungswidrigkeit oder, je nach Wert, zusätzlich Steuerhinterziehung. Rund 5.000 Bußgeld- und Strafverfahren werden jedes Jahr am Flughafen Frankfurt eingeleitet.

Was viele Reisende auch nicht wissen: In dem Moment, in dem sie mit forschem Schritt den Sicherheitsbereich durch den grünen »Zollfrei«-Ausgang verlassen, geben sie automatisch eine offizielle Steuer- und Zollerklärung ab. Finden die Beamten bei Stichproben doch mehr Zigaretten als erlaubt oder eine neue Luxusuhr im Wert eines Kleinwagens, hat das Konsequenzen. Ein Beispiel: Schicker Laptop, nagelneu in den USA gekauft. 850 Euro hat er gekostet, damit liegt er über dem anmelde- und abgabenfreien Wert von 430 Euro. Auch die Umsatzsteuer liegt mit 161,50 Euro über der 130-Euro-Grenze. Das »bisschen Mogeln« ist somit schlicht Steuerbetrug und zieht ein Verfahren wegen versuchter Steuerhinterziehung nach sich. Die Botschaft dahinter: Kauft Waren hier in Deutschland oder zumindest in Europa.

Doch es werden nicht nur Zigaretten, Laptops, Schmuck oder Waffen geschmuggelt. Allein 4.200 Kilogramm Drogen im Wert von rund

71 Millionen Euro zogen die Fahnder 2020 in Frankfurt aus dem Verkehr. Im gleichen Jahr stellten sie zudem rund 1.200 lebende artgeschützte Tiere und 4.000 Pflanzen sicher sowie 67.000 Produkte, die auf geschützten Tier- und Pflanzenarten basieren. Schildkröten, Schlangen, Spinnen, Käfer, Korallen oder Reptilien – das alles krabbelte schon über die Tische beim Zoll oder kämpfte sich halb verdurstet zwischen der Wäsche aus dem Koffer. Im »Washingtoner Artenschutzübereinkommen« ist geregelt, welche Tier- und Pflanzenarten als bedroht gelten und weltweit geschützt werden. Der Handel mit ihnen ist verboten. Bei Verstößen drohen Strafen von bis zu 50.000 Euro oder bis zu fünf Jahren Haft. Neben Tieren werden auch Pflanzen wie bestimmte Kakteen- und Orchideenarten gelistet sowie obskure, vermeintlich potenzfördernde Mittel, für die Tiere oft bitter leiden müssen. Von exotischen Pelzmänteln, Krokodiltaschen, Elefantenfuß-Tischen oder Elfenbeinschnitzereien ganz zu schweigen.

Ohne Strafe kommt davon, wer mariniertes Fleisch oder landestypischen Käse als Mitbringsel eingepackt hat. Die Einfuhr dieser Nahrungsmittel ist generell verboten, um erst gar nicht zu riskieren, dass Tierseuchen ins Land geschleppt werden. Deshalb landen diese Fundsachen in speziellen Müllcontainern und der Fall ist erledigt. Unter Umständen werden auch vermeintliche Urlaubsschnäppchen wie Designer-Handtaschen, Marken-T-Shirts oder Luxussneaker einkassiert, wenn sie sich als gefälscht herausstellen und die Menge den Eigenbedarf übersteigt.

Die Zoll-Detektive stehen übrigens nicht nur bei der Gepäckausgabe bereit. Oft legen Koffer und Rucksäcke auf ihrem Weg zum Gepäckband in einer Halle einen zusätzlichen Stopp ein. Jetzt kommen die vierbeinigen Kollegen zum Zug. Und die Supernasen leisten ganze Arbeit. Drogen, Waffen, Sprengstoff, Bargeld. Alles kein Problem. Manche Hunde sind sogar darauf trainiert, den Geruch tierischer Artgenossen zu erschnüffeln. Tot oder lebendig.

Über Geschmack lässt sich streiten, übers Artenschutzabkommen nicht. Verboten ist verboten.

UNGLAUBLICH, ABER WAHR – AUCH DAS IST DER FLUGHAFEN

FRA
FRA

GENERAL AVIATION TERMINAL

JETSET DANK PRIVATJET

Mit quietschenden Reifen von der Straße aufs Vorfeld rasen, aus der Luxuskarosse springen und direkt in den Privatjet hechten – das mag in amerikanischen Actionfilmen möglich sein. In Deutschland muss selbst Rambo durch die Sicherheitskontrolle und seinen Pass vorzeigen, bevor er im Flieger verschwindet. Ob Sylvester Stallone oder Lady Gaga, ob Staatsoberhäupter oder Konzernchefs – sie alle kennen das schlichte Gebäude im Süden des Flughafens, das General Aviation Terminal. Keine Regel ohne Ausnahme: Eilige Transporte von Lebendorganen (siehe auch »*Nachtschicht*«) oder Rettungsflüge mit schwer erkrankten Patienten sind von den genannten Einschränkungen teilweise befreit.

Für den Rest gilt: Sicherheitscheck, Passkontrolle und dann mit dem Auto, auch das ist Pflicht, die wenigen Meter vom Gate zum Jet fahren. Hier startet und landet tatsächlich der Jetset. Die Wichtigen und immer öfter auch die Nichtsowichtigen, sofern sie sich das exklusive Vergnügen leisten können. Die Corona-Pandemie hat das Geschäft für Privatflieger zusätzlich beflügelt: Weltweit stieg die Zahl an Businessjet-Flügen im November 2021 um 16 Prozent im Vergleich zu November 2019. Kein Menschengewusel im Terminal, nur wenige Mitflieger, wenn überhaupt – und sofern man auf Dusche, Wasserbett und Konferenztisch verzichten kann, sind die Ticketpreise, nun ja, nicht unbedingt Goldene-Wasserhähne-verdächtig: Sechs Plätze kosten ab 2.500 Euro pro Flugstunde aufwärts. Schlechtes Gewissen inklusive, denn klimafreundlich ist das alles selbstverständlich nicht.

Zwei Slots pro Stunde sind normalerweise im eng getakteten Flugzeitplan für die Privatflieger reserviert. Für klassische Privatmaschinen stehen 17 Abstellpositionen direkt am Terminal zur Verfügung. Schwebt eine saudische Großfamilie mit ihrer Boeing 747 (und vergoldeten Cockpit-Knöpfen!) ein, parkt diese nebenan auf einer Frachtposition. Dorthin rollte auch schon Iron Maiden-Sänger Bruce Dickinson mit dem Tour-Jumbo »Ed Force One«. Ein Wiedersehen ist jedoch ausgeschlossen, die Boeing wurde bereits vor ein paar Jahren ausgemustert. Zu teuer und, ja, auch wegen der Umwelt.

Zurück zu unseren kleineren Jets wie die Beechcraft, Cessna Citation oder Gulfstream G650. Bis zu 4.000 dieser Maschinen werden im Jahr am GAT Frankfurt abgefertigt, rund 80 Prozent der Passagiere sind Businessleute. Mainhattan und Messebetrieb sei Dank. Neben Flexibilität zählt Diskretion zur DNA der Beschäftigten. Sie wissen oft schon Wochen vorher, welche spektakuläre Unternehmens-Fusion sich gerade anbahnt, wenn die involvierten Manager bei ihnen aus- und einchecken. Oder welches Promi-Pärchen seine Liaison bisher offenbar höchst erfolgreich geheim halten konnte.

Kurze Wege, kein Gedränge - Privatflieger parken am General Aviation Terminal.

Kabinenreinigung, Tanken, Catering, Gepäcktransport, Limousinen-Service, Flugpapiere – beim GAT werden sämtliche Branchen-Dienstleistungen angeboten. Und noch ein paar Extras wie Hotelreservierungen, Hundefutter oder eisgekühlte Handtücher. Es gibt Fraport-Azubis, die ihre Mittagspause damit verbringen, sehnsüchtig die parkenden Jets vor dem GAT zu studieren und sich auszumalen, wie es wäre, in ferner Zukunft mit lässigem Schritt einen dieser Flieger zu besteigen. Nach ebenso lässig absolvierter Passkontrolle natürlich.

EUROPAS COOLSTER TREFFPUNKT

Es gibt verlässliche Konstanten im Leben. Der erste Lebkuchen, der im September im Supermarktregal liegt. Zeitschriften, die von Ostern an Bikini-Figur-Diättipps verbreiten. Und im Februar darf die jährliche Zeitungsmeldung über den »Rosen-Tsunami« am Flughafen Frankfurt nicht fehlen (2020 waren es rund 800 Tonnen). Valentinstag, Karneval und internationaler Frauentag am 8. März fordern ihren floralen Tribut. Dabei sind es nicht nur die rund 17 Millionen Rosen, die den Besucher im Perishable Center mit ihrem Duft betören.

Peri-was? Perishables sind leichtverderbliche Güter, also grob gesagt alles, was sehr sensibel auf Temperaturschwankungen reagiert. Das kann Gemüse sein, Fisch, Medikamente oder Obst. Das Perishable Center im Norden des Flughafens ist Europas größter Luftfrachtumschlagsplatz für Waren dieser Art. 20 verschiedene Kühlzonen garantieren eisige Kälte von -25 C bis zu angenehmen +25 C. Täglich werden hier rund 300 Tonnen Fracht umgeschlagen, in Spitzenzeiten bis zu 700 Tonnen.

Doch Fracht ist nicht gleich Fracht. Während in der einen Halle der Duft von Mango und Ananas tropische Träume heraufbeschwört, liegt hinter dem nächsten Rolltor maritimes Flair in der Luft. Palettenweise landen hier Doraden, Lachs und Rotbarsch im lagerhallengroßen Kühlschrank, aber auch imposante Schwertfische oder Zackenbarsche, die noch am gleichen Abend auf einem Hotelbuffet thronen werden. Eismaschinen liefern speziell geformte Eiskugeln, die so glatt sind, dass sie die empfindliche Fischhaut nicht verletzen. Übrigens, eine schöne Wer-Wird-Millionär-Frage: Wo wird in Deutschland der meiste frische Fisch umgeschlagen? A) Hamburg B) Bremerhaven C) Kiel D) Frankfurt. Sie ahnen es schon. Antwort D natürlich.

Die zahlreichen direkten Flugverbindungen sowie die Lage im Herzen von Europa sind zwei wichtige Gründe, warum der Frachttransport vorzugsweise über Frankfurt (beziehungsweise das Perishable Center sowie weitere Cargo-Dienstleister für temperaturgeführte Fracht) läuft. Es sind teilweise immense Werte, die hier verladen und beim kleinsten Kühlfehler vernichtet werden. Zum Vergleich: Eine Palette Insulin mit einem Gewicht von 250 Kilogramm hat einen Warenwert von rund 250.000 Euro. Eine Palette Äpfel mit einem Gewicht von 1.000 Kilogramm hat einen Warenwert von rund 1.000 Euro.

Deshalb darf die Kühlkette vom Verlassen des Flugzeugs bis zur Verladung in den Lkw nie reißen. Spezielle Kühlcontainer helfen dabei. Aber auch moderne Technologien wie Fastcooling (eine Art Express-Tiefkühler) und Vakuumkühler (verlangsamt bei Blumen während des Transports das Reifen) erleichtern diese Arbeit. Und damit auch tatsächlich alles ordnungsgemäß frisch und parasitenfrei ist, sitzen nebenan die Kolleginnen und Kollegen vom Veterinäramt, von der Bundesanstalt für Landwirtschaft und Ernährung sowie dem Hessischen Landeslabor für Pflanzenschutz. Sie nehmen Stichproben fürs Labor oder untersuchen vor Ort mit fachkundigem Blick Bisonfleisch, Seegurken und Pflanzen.

Zum Abschluss noch ein paar Zahlen: Den größten Anteil an der Fracht haben Obst und Gemüse, es folgen Fisch- und Meeresfrüchte sowie Blumen. 95 Prozent der Waren verlassen nach spätestens 24 Stunden das Perishable Center. Zur Weihnachtszeit ist spürbar mehr Lachs gefragt. Um Ostern herum erhöht sich generell die Fischmenge, und, natürlich, im Februar die Rosentonnage, in der Regel um satte 30 Prozent. Konstant gekühlt bei acht Grad.

Den größten Anteil an der Fracht haben Obst und Gemüse.

DÜNE MIT AUSSICHT

Man kann für Nervenkitzel viel Geld bezahlen. Beim Bungee-Jumping beispielsweise, oder in der Achterbahn. Diesen hier gibt es umsonst. Er kostet Sie lediglich etwas Zeit und eventuell ein bisschen Muskelkater, sollten Sie lange nicht Fahrrad gefahren sein. Notfalls leihen Sie sich ein E-Bike, wuchten dieses in die S-Bahn, fahren bis zur Station Zeppelinheim und steuern dann Richtung Flughafen. Nein, nicht bei den Podesten oben auf der Brücke stehen bleiben. Das kann ja jeder. Wir biegen rechts ab, folgen dem Flughafenzaun und orientieren uns an der Befeuerung für die Süd- und Centerbahn. Jetzt Richtung Osten schauen, Kopf in den Nacken und warten. Da schwebt EK 045 aus Dubai schon ein. Näher kommen Sie dem Airbus A380 außerhalb des Airports nicht. Funktioniert allerdings nur bei Westwind, Sie wissen schon, Flugzeuge und Windrichtung und so (siehe auch »*Im Namen der Kompassrose*«).

Und jetzt? Lieber zum Affenfelsen oder zur Düne? Für XXL-Panoramen ohne Gegenlicht oder cocktailtaugliche Sundowner-Motive bieten sich von morgens bis abends das Luftbrückendenkmal (inklusive Premium-Blick auf die Baustelle von Terminal 3!) sowie die »Düne« an. Letztere ist der nicht mehr ganz so neue Aussichtspunkt an der Nordwest-Landebahn, an dem die Flugzeuge auf dem Weg zum Terminal vorbeirollen. Wenn man Glück hat und freundlich winkt, winkt die Cockpit-Crew zurück. Ganz ehrlich: Meistens hat man Glück. Beim Affenfelsen winkt keiner, der Aussichtspunkt liegt an der Startbahn West (bestes Licht um die Mittagszeit), da haben die Piloten Besseres zu tun.

Sollten Sie an den Aussichtspunkten etwas länger verweilen, werden Sie zudem eine besondere Spezies beobachten können: die Planespotter. Man erkennt sie an der professionellen Kamera-Ausrüstung inklusive Stativ, Teleobjektiven und Multitaschenweste, dem steten Blick auf Flightradar24 oder andere Live-Tracking-Portale sowie der schier unfassbaren Geduld. Der Begriff »Spotten« leitet sich vom englischen »to spot« (beobachten) ab. Begonnen hatte alles in England während des Zweiten Weltkriegs. Im Kampf gegen Nazi-Deutschland bat die britische Regierung die Bevölkerung um Mithilfe – eine Art analoges Flightradar24. Überflogen deutsche Militärmaschinen englisches Gebiet, notierten die Einwohner Richtung, Anzahl sowie Flugzeugtypen und gaben diese Informationen ans Militär weiter. Der Krieg war irgendwann vorbei, das Hobby blieb und fand bald auch in Deutschland viele Fans.

Früher kursierten auf Tauschbörsen in Schützenheimen oder Turnhallen die sorgsam ausgewählten Fotos oder Dias. Für alle Digital Natives, die nicht mehr wissen, wie es sich anhört, wenn eine Filmrolle eingelegt wird: Es müssen sich damals Dramen abgespielt haben, wenn ein Spotter, ausgestattet mit Papierflugplan und Fernglas, stundenlang auf »seinen« Flieger gewartet hatte und beim Abholen der Bilder die eine Hälfte unscharf und die andere falsch belichtet war. Heute schickt die Szene im Minutentakt coffeetablebooktaugliche Fotos um die halbe Welt und informiert sich in zahlreichen Internetforen über Sonderflüge, Speziallackierungen oder seltene Flugzeugtypen. Frankfurt ist beliebt bei den Spottern. Hier landen regelmäßig exotische Fluglinien wie Mongolian und Turkmenistan Airlines oder die tadschikische Fluggesellschaft Somon Air – sofern die Reiseeinschränkungen wieder restlos aufgehoben sein werden.

Kurze Flughafenpause? Bitte sehr. Einfach vom Affenfelsen rund vier Kilometer Richtung Süden fahren: In den Mönchbruchwiesen, Hessens zweitgrößtem Naturschutzgebiet, warten verwunschene Waldteiche, dünenartige Heidelandschaft, Reh- und Damwild sowie herrlicher alter Baumbestand. Kurz durchatmen und die Waldeinsamkeit genießen. Auch wenn das Tracking-Portal bereits den nächsten Sonderflieger zur Startbahn rollen sieht.

Mit etwas Glück und gutem Auge kann man an verschiedenen Aussichtspunkten überraschende Fotomotive am Flughafen entdecken.

ELEGANTES MEISTERWERK

Es gibt Industriebauten, die einen vergessen lassen, dass sie das sind: Industriebauten. Weil sie diese atemberaubende Mischung aus eleganter Grandezza und architektonischer Kühnheit besitzen und die Funktionalität eher beiläufig erfüllt wird. So gesehen ist es höchst bedauerlich, dass dieses Frankfurter Kulturdenkmal nur aus der Luft oder vom Vorfeldbus aus zu bestaunen ist: die Lufthansa-Wartungshalle V, besser bekannt als Jumbohalle.

Als das Bauwerk 1970 im Norden des Flughafens eröffnet wurde, war sie die größte Flugzeugwartungshalle der Welt. 320 Meter lang, 100 Meter breit, bis zu 43 Meter hoch – eine architektonische und bauingenieurstechnische Meisterleistung. Der Entwurf stammt von Hannsgeorg Beckert und Gilbert Becker, die gemeinsam mit Otto Apel 1961 das Büro ABB gründeten und deren Entwürfe bis heute das Frankfurter Stadtbild prägen. Deutsche Bank, Silvertower, Bundesbank, Hotel Intercontinental, Städtische Bühnen – sie alle wurden bei und von ABB geplant.

Allein 15 Gebäude am Frankfurter Flughafen tragen die ABB-Handschrift. Das spektakulärste ist die Wartungshalle V. Bis heute weist sie das am weitesten gespannte Betonhängedach der Welt auf – mit anderen Worten, im Hangar steht keine einzige Säule oder Stütze im Weg. Sechs Flugzeuge des Typs Boeing 747, besser bekannt als »Jumbo« und ab 1970 im stolzen Besitz der Lufthansa, haben hier gleichzeitig Platz.

Bitte jetzt nicht abschrecken lassen von den architektonischen Fachbegriffen, aber anders kann man dieses Meisterwerk nicht erklären: Die Konstruktion besteht aus einem seilverspannten Tragwerk mit seitlichen Widerlagern in Stahlbeton-Fachwerk-Optik und einem Trägerrahmen in der Mitte. Die Zugkräfte der beiden Dachschalen werden an den Schmalseiten der Halle von den Fachwerk-Böcken über sogenannte Druckstäbe in den Baugrund abgeleitet. Die markanten Stahlbeton-Dreiecke auf den Böcken bilden das Gegengewicht. Das Tragwerk überspannt eine Fläche von 270 mal 100 Meter.

2016 war die Wartungshalle für den Architekturpreis »Klassik-Nike« des Bundes Deutscher Architekten nominiert (und musste dann unter anderem dem Flughafen Berlin-Tegel den Vortritt lassen). Die Jury lobte damals die »besonders hohe gestalterische Qualität«, zumal gerade letztere im Industriebau »allzu oft vernachlässigt werde«. Eine noch wohlwollende Umschreibung mancher in Beton gegossener Hässlichkeiten, die Gewerbegebiete und Stadtrandlagen verunzieren.

Die Jumbohalle hingegen kündet von der Kunst das Machbaren und vom Selbstverständnis des Auftraggebers. Wer fliegen kann, der kann auch am Boden Maßstäbe setzen. Nur auf eines musste der Hangar verzichten: Ein ausgewachsener Zirkus-Elefant („Jumbo«) gab sich erst die Ehre, als die Luftfrachthalle 3, Anfang der 70er Jahre Europas größtes Luftfrachtumschlagszentrum, feierlich eröffnet wurde.

Das Tragwerk der Halle überspannt eine Fläche von 270 mal 100 Meter.

ACHTUNG, GEHEIMTIPP!

Waren Sie schon mal im Central Park in New York? Oder haben Sie zumindest dieses langgezogene grüne Rechteck vor Augen, das sich seit 1873 mitten in Manhattans Häusermeer behauptet? So, alle wieder zurück von Google Maps? Dann versechsfachen Sie jetzt diese Fläche und voilà, Sie haben die Größe des Flughafengeländes in Frankfurt. 23 Quadratkilometer von Zaun zu Zaun. Ziemlich ödes Land, dominiert von Beton und Asphalt? Von wegen. Gehen Sie auf Biodiversitätssafari am Airport. Das ist jetzt ein echter Geheimtipp, denn die Rundfahrt findet selten statt. Und sie kratzt keine pseudoökologischen Stationen zusammen, die nur mühsam dem grünen Etikett gerecht werden. Wen das immer noch nicht überzeugt: Sie bietet ein paar Stopps und Perspektiven, die sie von anderen Besuchertouren unterscheidet.

Also bitte einsteigen, einmal Richtung Süden fahren, an der ehemaligen Wetterstation aussteigen, ein paar Schritte Richtung Wiese und nach unten schauen. Ja, nach unten. Mag der A380 noch so majestätisch-samtpfötig auf der Center-Bahn landen – unsere ganze Aufmerksamkeit gilt gerade Tausendgüldenkraut, Heidenelke, Filzkraut oder Flügelginster. Schmetterlinge flattern umher, ein Maikäfer brummt geschäftig vorbei.

Die Wiesen neben den Start- und Landebahnen bilden ein Magerrasen-Biotopsystem, das selten gewordene Pflanzen oder Tiere zu schätzen wissen. Hier blühen nicht nur vier verschiedene Ginsterarten, die unter Naturschutz stehen. Wer genauer hinschaut, entdeckt je nach Jahreszeit Feldlerche, Heidelerche, Steinschmätzer, Blau- und Schwarzkehlchen sowie Höckerstreifen-Laufkäfer und Steppengrashüpfer.

54 Prozent des Flughafengeländes sind unbebaut, davon sind wiederum 600 Hektar reine Grünlandfläche, die landwirtschaftlich ungenutzt bleibt. Keine Traktoren, keine Überdüngung, keine Spaziergänger, keine frei laufenden Hunde, keine Monokulturen. Solche größeren Biotopsysteme sucht man nicht nur in Deutschland mittlerweile fast vergebens. Trotzdem gilt immer noch: Luftverkehrssicherheit first, Natur second. Um größere Vögel wie Wildgänse oder Störche fernzuhalten, werden die meisten Grünflächen zwischen den Landebahnen nur einmal im Jahr gemäht. Das hoch gewachsene Gras versperrt die Sicht auf alles, was Greifvögel wie der Mäusebussard besonders lecker finden. Beerensträucher oder Wasserstellen sind aus den gleichen Gründen unerwünscht (siehe dazu auch »*A star was born*«). Trotzdem blüht und lebt und schwirrt dieses so unscheinbar wirkende Stück Land.

Die Wiesen neben den Start- und Landebahnen bilden ein seltenes Biotopsystem.

Es gibt beim Flughafenbetreiber ein Expertenteam, das sich ausschließlich um diese Flora und weitere Fauna kümmert. Der Wirkungsbereich des Wildlife Control-Teams endet nicht am Flughafenzaun. Um den Airport herum erstreckt sich der historische Bannwald Dreieich, der seit dem 14. Jahrhundert der Stadt Frankfurt gehört und in seiner Geschichte nie gerodet wurde. Bis heute haben sich wertvolle Naturwaldrelikte und unberührte Totholz-Terrains erhalten. Perfekte Lebensbedingungen für Mittelspecht, Zauneidechse, Bechstein-Fledermaus und Hirschkäfer, um nur ein paar Nutznießer zu nennen. Rund 320 Hektar Wald verwaltet das Wildlife-Team. Weitere rund 300 Hektar Wiederaufforstungen liegen verstreut im Rhein-Main-Gebiet – das entspricht immerhin rund ein Mal der Fläche des Central Parks.

Nicht nur die Feldlerche findet ideale Bedingungen rechts und links der Landebahnen.

WUNDERTÜTE ZUM ANFASSEN

Das Logo: eher nüchtern. Der Name: sachlich, ohne »World of...«-Kaskaden oder ähnlich mirakulöse Marketing-Pirouetten. Was für ein Understatement! Denn das neue Besucherzentrum in Terminal 1 entpuppt sich als wundersame Infotainment-Matroschka, die nach und nach (fast) alle Geheimnisse des größten deutschen Flughafens preisgibt – wenn man es schafft, sich von dem fantastischen XXL-Panorama-Blick aufs Vorfeld loszureißen, der einen zum Auftakt empfängt. Einer fantastischen Kalkulation liegen auch die happigen Eintrittspreise zugrunde (zumal ohne familienfreundliches Kombi-Ticket), aber jetzt ist Schluss mit Sachlichkeit, jetzt tauchen wir ein in diese interaktive, durchdigitalisierte und dennoch greifbare Wundertüte!

Anfassen ist nämlich erlaubt, oder besser gesagt, touchen, um den riesigen Smart Windows, die vor den Panoramascheiben platziert sind, die Antwort auf die Frage aller Fragen zu entlocken: Wohin fliegt die Maschine, die da gerade am Gate gepusht wird? Wie viele Passagiere reisen mit? Und wofür wird dieses Fahrzeug rechts neben der anderen Maschine eigentlich eingesetzt?

Kein Themenbereich wurde bei der Konzeption des Zentrums vergessen, kein noch so abwegiges oder sperriges Detail stillschweigend außen vorgelassen: Umweltaspekte, Berufe am Flughafen (sucht noch jemand einen Ausbildungsplatz als Koch?), Diversität und Vielfalt, die Auseinandersetzungen um die Startbahn West sowie Services wie Fundbüro, Hundepension oder Dachterrasse. Alles da, mal mehr, mal weniger ausführlich. Manches muss man sich erlesen, manches kann man bequem in Audio-Duschen auf sich herabrieseln lassen. Allein das 55 Quadratmeter große Flughafenmodell bietet eine Fülle an »Points of Interest«, die per Tablet angesteuert werden und wie ein kleines Flughafen-Wikipedia die Gebäude, Abläufe und markanten Einrichtungen erklären. Die Leuchtspuren, die sich bereits über dem Treppenaufgang in kunstvollen Schleifen und Bögen bewegen, sind übrigens keine sinnbefreite Lichtinstallation. Die 325 Meter langen Liquid Lines, die mit dem Modell verknüpft sind, bilden ziemlich exakt die Flugrouten der startenden und landenden Flugzeuge im Frankfurter Luftraum ab.

Wem das alles noch nicht reicht, bitte sehr: Im Besucherzentrum legen sie einem die Welt zu Füßen beziehungsweise inszenieren sie mit »The Globe« als verblüffende Echtzeit-Installation. Basierend auf den Flugdaten von FlightAware projizieren Spezialserver auf eine 25 Quadratmeter große LCD-Bildschirm-Wand sämtliche Flüge, die gerade aktuell unterwegs sind. Nur zur Erinnerung: Es befinden sich Tag für Tag durchschnittlich etwa 8.300 Verkehrsflugzeuge gleichzeitig in der Luft – viel Spaß beim Suchen, sollten Sie per Zoom den Flug ausfindig machen wollen, in dem gerade die Freundin oder ein Verwandter sitzt.

Charmant ist auch der Blick zurück inszeniert. Sonore Erzählstimmen nehmen einen mit in die aufregende Zeit der Zeppeline, die dramatischen Tage der Luftbrücke oder lassen einen teilhaben an der ersten (ungeplanten) Landung eines Jumbojets in Frankfurt.

Haben wir noch etwas vergessen? Das Wichtigste: die Kinder! Sie sind kaum mit Audio-Duschen und Informationen über Jobs am Flughafen zu begeistern. Aber einmal selbst im Vorfeld-Tower sitzen und dem Piloten Anweisungen geben – da reagiert das innere Applaus-O-Meter schon eher. Oder mit den berühmten Marshaller-

Vorfeldblick, Smart Windows, Airport City Modell – das interaktive Konzept lebt vom Zusammenspiel der Exponate.

Stäben einen Airbus A320neo auf seine Parkposition einwinken. So, jetzt noch die ruckelnde Achterbahnfahrt durch die Gepäckförderanlage und Fluggi, das bunte Flughafen-Maskottchen, auf seine (kurze) Reise schicken. Genug gesehen, gelesen, gehört, getoucht. Mit leisem Bedauern verlassen wir die Wundertüte. Und stehen mittendrin im Terminaltrubel.

WOLKENKRATZER AUF 86 SÄULEN

Der Deutsche Bundestag in Berlin hat eine. ZDF in Mainz, BMW in München, das Kraftfahrt-Bundesamt in Flensburg – und The Squaire am Flughafen Frankfurt hat gleich zwei. Was als größtes Bürogebäude Deutschlands firmiert, dem steht neben der Großempfänger-Postleitzahl 60600 auch noch die Hauszustellungs-Postleitzahl 60549 zu. Zugegeben, letztere teilt es sich mit dem Flughafen und Gateway Gardens. Es ist nicht das einzige Kuriosum von The Squaire („square«/Platz; »air«/Luft), das sich 2011 auf Anhieb als neues Frankfurter Wahrzeichen etablieren konnte.

Dass Frankfurt in die Höhe bauen kann, das ist unübersehbar. Insofern war es eigentlich naheliegend, aus der Vertikalen in die Horizontale zu schwenken. Trotzdem muss man erstmal den Mut aufbringen, ein 660 Meter langes und bis zu 55 Meter breites Bauwerk in der Waagerechten zu skizzieren und 140.000 Quadratmeter Mietfläche unterzubringen. Helmut W. Joos, ein Schüler von Egon Eiermann, hatte diesen Mut. Der Frankfurter Architekt war zudem bestens vertraut mit der Nachbarschaft. Sheraton-Hotel, Terminal 2, alles entworfen und geplant von seinem Architekturbüro jsk. Aber das hier, das war dann doch speziell. Baugrund im herkömmlichen Sinn gab es nicht, da stand schon der 1999 eröffnete Fernbahnhof samt gläserner Kuppel. Rechts und links war auch kein Platzpuffer bei rund 300.000 Fahrzeugen, die täglich Autobahn und Bundesstraße nutzen.

Die Lösung: Das Gebäude thront auf einem Stelzenkomplex mit 86 Säulen. Diese müssen nicht nur 20.000 Tonnen Stahl und 60.000 Kubikmeter Beton tragen, sondern auch gleich ein ganzes Impulskonzept für Leben und Arbeiten im Zeitalter der Globalisierung. Die

»New Work City« im »The Squaire« soll die Beschäftigten mit ihren privaten und beruflichen Bedürfnissen in den Mittelpunkt stellen. Urbane Dienstleistungen wie Ärzte, Kinderbetreuung, Supermarkt oder Friseur sind auf den neun Stockwerken ebenso selbstverständlich wie Meeting-Locations, Flanierwege in fünf öffentlichen Atrien, Hotels, Gastronomie oder Freizeitangebote. Hehres Ziel des Konzeptes: Den Menschen Zeit zu schenken und Raum für Netzwerke zu verschaffen. Die Botschaft: Hier werden keine Waren und Menschen transportiert, sondern Ideen und Lebensqualität.

Soweit die Theorie. Heute ist »The Squaire« immer noch einer der weltweit größten Bürokomplexe, das zwei Jahre nach der Fertigstellung bei der Immobilienmesse in Cannes den Mipim-„Oscar« in der Kategorie »Best Office & Business Development« gewann und 2019 für knapp eine Milliarde Euro den Besitzer wechselte. Das Gebäude ist länger als Frankfurts bekannteste Einkaufsmeile »Zeil« und selbst das zwölf Meter lange und sechs Meter hohe Liaoningotitan-Skelett, das hier als Leihgabe 2018 für den Umbau des Senckenberg Naturmuseums warb, duckte sich etwas verschüchtert angesichts der schieren Größe des Atriums.

Manchmal wirkt das Gebäude selbst wie ein urzeitliches Geschöpf, das auf dem Weg zum nächsten Urmeer an diesem ungewöhnlichen Ort eine sehr lange Rast eingelegt hat. Wenn die Sonne die organisch geformte Silhouette streift, blitzen zahlreiche der 2.000 Glaselemente auf. Keines ist identisch, jedes ist in Nuancen anders gekrümmt und wurde vor Ort millimetergenau eingepasst. »Architektur heißt, einer Idee Form zu verleihen«, hat Joos einmal gesagt. Wenn man denn noch den Mut hat, diese Form auszugestalten, entsteht große Architektur. Mit eigener Postleitzahl.

Gestrandet wie ein urzeitliches Geschöpf auf dem Weg zur nächsten Ursuppe: The Squaire.

KPMG

GRÜNE INNOVATION

Zugegeben, im Vertical-Greening-Quartett hätten die Hängenden Gärten in Terminal 2 kaum eine Chance gegen den neuen Eden Tower im Frankfurter Europaviertel. Zack, 2.000 Quadratmeter, zack, 200.000 Pflanzen, zack, einer der höchsten begrünten Wohntürme in Deutschland. Da können die insgesamt 270 Quadratmeter sowie 3.200 Pflanzen, die der Flughafen zu bieten hat, nicht mithalten. Aber: Sie waren zuerst da. Bereits 2016 zog die Natur ins Flughafengebäude ein.

Seitdem sprießen zweifarbige Grünlilie, üppiger Hasenpfotenfarn und Zwergpfeffer neben Russischem Wein. Große Flamingoblumen setzen leuchtende Farbtupfer in die beiden organisch gestalteten Miniatur-Landschaften, die in den Terminal-Bereichen D und E die hohen Wände schmücken. Wild wuchernder Dschungel-Atmosphäre setzt jedoch der Brandschutz enge Grenzen. Dichter Bewuchs ist zwar erlaubt, aber bitte möglichst flach, um die optischen Rauchmelder in der Halle nicht zu irritieren.

Vertical Greening ist mehr als ein architektonischer Modetrend. Es ist der Versuch, in Zeiten des Klimawandels innovative städtebauliche Lösungen zu finden, um das Mikroklima im urbanen Raum zu beeinflussen. Pflanzen sind zudem ein effektvolles Gestaltungsmittel, denn Grün entspannt den Blick und das Gemüt. Die Menschen in Industrieländern verbringen bis zu 90 Prozent ihrer Lebenszeit in Gebäuden. Sie reagieren daher unmittelbar positiv auf naturnahe Erlebnisangebote. Grün gilt zudem als Farbe der Mitte und wirkt beruhigend, ohne zu ermüden – was passt besser in den Empfangsbereich eines Flughafens? Die Bepflanzung bietet aber nicht nur einen psychologischen Reiz. Sie verleiht dem Raum eine angenehmere Akustik, verringert den Staubflug und filtert Schadstoffe aus der Luft.

Wie legt man so einen Garten an? Die Pflanzen werden an einer Tragkonstruktion in spezielle Vliestaschen gesetzt. Das Gießen der Hydrokulturen übernimmt ein geschlossenes Bewässerungssystem. Eine spezielle Beleuchtungsanlage sorgt für optimale Lichtverhältnisse. Technische Steuerelemente sowie eine sensorengestützte Überwachung kontrollieren rund um die Uhr die Pflanzen. Den Fachleuten entgeht nichts: Ist es zu trocken? Fehlt es an Nährstoffen? Sobald die Sensoren einen sensiblen Wert anzeigen, werden die Daten an die Zentrale übermittelt. Von dort wird nachreguliert oder ein Serviceteam überprüft die Meldung binnen 24 Stunden vor Ort. Nur zwei bis drei Mal im Jahr legen die Spezialisten selbst Hand an und tauschen in luftiger Höhe Pflanzen aus, schneiden sie zurück oder entfernen allzu trockenes Blattwerk.

2016 zog die Natur ins Flughafengebäude ein.

ANIMAL LOUNGE

VIP MIT HERZ UND SCHNAUZE

Sie steigen als Erste ein und als Erste aus. Wenn sie in Frankfurt landen, steht in der Regel schon ein Auto bereit, um sie zur Super-Duper-VIP-Lounge zu bringen. Ruheraum, Spezialverpflegung, hilfsbereites Personal rund um die Uhr. Ach, da macht man doch gern ein Selfie und lässt alle Welt wissen, wie gut es einem geht. Das kostet aber extra. Wie bitte? Es gibt ihn tatsächlich, den Premium-Service für VIPs (very important pets) in der Animal Lounge, und zu diesem gehört auch der Fotogruß nach der Ankunft in Frankfurt, damit Herrchen oder Frauchen wissen, dass es dem reisenden Haustier gut geht.

Die Animal Lounge der Lufthansa Cargo steht in der Cargo City Nord und ist eine der modernsten und größten Flughafenstationen der Welt. Ob Angelwurm, Chamäleon, Labrador, Pinguin oder Zebrafisch – rund 110 Millionen Tiere checken hier jedes Jahr ein oder aus. Die einen folgen ihren Besitzern in ein neues Zuhause, die anderen reisen als lebende Handelsware rund um den Globus, wieder andere werden im Rahmen internationaler Zucht- und Arterhaltungsprogramme von Zoo zu Zoo geschickt oder ausgewildert. Hier gibt es Katzen- und Hundeboxen, einen Ruheraum, mehrere Vogelvolieren, 42 Großtierställe mit variablen Wänden, Klimakammern für feinfühlige Gäste, viele Streicheleinheiten und einen Schwarzlichtraum für Fische. Wer im Karton verreist, ist dankbar, bei sanfter Beleuchtung untersucht zu werden statt im grellen Taschenlampenlicht.

Klingt übertrieben? Das erzählen Sie mal einem Tierbesitzer. Hardcore-Exemplare würden wahrscheinlich am liebsten zu ihrem Vierbeiner in die Box kriechen und gemeinsam mit ihm in der Frachtmaschine in die neue Heimat fliegen. Ist aber nicht erlaubt. So müssen abgelegte T-Shirts, abgeliebte Kuscheldecken oder die wichtigsten Spielzeuge vertraute Nähe suggerieren. Für Pferde gibt es Qualitätsheu und trittfesten Asphaltboden, für Exoten ein Experten-Netz in Flughafennähe, falls doch mal ein gesundheitliches Problem auftritt und die Tierpfleger, Veterinäre oder tiermedizinischen Fachangestellten nicht weiterwissen.

Wie im großen Terminal nebenan werden die tierischen Passagiere in Gruppen eingeteilt: Import (Einreise), Export (Ausreise) und Transit, alle drei Gruppen streng getrennt. Immer dabei: Die amtlichen

Es gibt Qualitätsheu für Pferde, die in speziellen Transportcontainern reisen.

Rund 80 Millionen Fische checken im Jahr in der Animal Lounge ein oder aus.

Veterinäre der Tierärztlichen Grenzkontrollstelle Hessen. Sie prüfen die Identität der Tiere, ihren Zustand sowie Gesundheits- und Impfzeugnisse. Der Zoll kontrolliert die Ladepapiere und hat ein wachsames Auge darauf, dass keine Tierarten gehandelt werden, die unter dem »Washingtoner Artenschutzübereinkommen« stehen.

Das alles geschieht unaufgeregt und fast geräuschlos. Reisen bedeutet für Tiere meistens Stress. Alles riecht anders, alles sieht anders aus, die gewohnte Umgebung fehlt, die vertrauten Geräusche. Die Box bietet nur bedingt ein heimeliges Gefühl. Manche Vierbeiner reagieren dann dankbar auf jedes freundliche Wort, auf jede kurze Streicheleinheit. Andere rollen sich verunsichert (oder beleidigt) zusammen und üben sich in Gleichmut. Und bei manchen hängt ein Warnschild: »Vorsicht, beherzte Katze«. Könnte sie lesen, müsste sie wahrscheinlich selbst kurz schmunzeln. Trotz Reise-Groll.

Neben dem artgerechten Transport und der Einhaltung der Tierschutzbestimmungen achten die Lounge-Beschäftigten rigoros auf Hygiene und Seuchenschutz. Dazu wechseln alle, die in der 4.000 qm großen Halle arbeiten, die Kleidung, an den Eingängen liegen Desinfektionsmatten. Boxen und Ställe werden nach Abreise gründlich gereinigt. Das Abwasser wird unterirdisch gesammelt und erst dann weitergeleitet, wenn feststeht, dass kein Seuchenfall vorliegt. Jeglicher organische und künstliche Abfall landet in Spezialcontainern und geht von dort direkt zur Müllverbrennung.

Zum Schluss noch ein paar Zahlen: 110 Millionen Tiere hört sich schick an, zur Wahrheit gehört aber auch, dass allein 80 Millionen davon Zierfische sind, die beispielsweise aus Kolumbien, Thailand und Südafrika jährlich eingeflogen werden. 2.400 Pferde, hauptsächlich Turnier- und Zuchttiere, reisen in speziellen Transportcontainern über Frankfurt. 18.000 Haustiere, vor allem Hunde und Katzen, checken hier ein sowie 500 Schweine, Rinder, Ziegen und Schafe, ebenfalls meistens wertvolle Zuchtexemplare. Und dann gibt es neben der VIP- noch die WIP-Gruppe: die wild important passengers. Rund 100 Zootiere, vom Rhinozeros bis zum Löwen, schauen Jahr für Jahr in der Frankfurt Animal Lounge vorbei.

385 METER STREET-ART

Meistens kommen sie in der Nacht, die Hoodie-Kapuzen tief ins Gesicht gezogen, die Dose gezückt, den Fluchtweg stets im Hinterkopf. Am nächsten Morgen zeugen nur noch großflächige Graffiti oder verschnörkelte Tags von ihrem Besuch. Sachbeschädigung oder Sachaufwertung? Da scheiden sich die Geister. Im heißen Sommer 2015 kam dieser Sprayer nicht im Schutze der Nacht. Er trug auch keinen Hoodie, sondern T-Shirt, Flip-Flops und Käppi und packte vor der nackten Betonwand am Busbahnhof vor Terminal 1 ziemlich ungeniert sein Sprühdosen-Arsenal aus. Der wird doch nicht...? Doch, und zwar mit Erlaubnis von ganz oben.

So, und jetzt müssen wir mit einem Klischee aufräumen. Denn längst ist Graffiti eine anerkannte Kunstrichtung, wenn sie so virtuos wie von Helge Steinmann aka Bomber zelebriert wird, dem Gründer der weltweit ersten Agentur für Graffiti-Kunst. Ein waschechter Hesse und die Street-Art-Institution in Deutschland in Personalunion – wer sonst sollte das bis dato größte Projekt für öffentliche Kunst am Flughafen umsetzen? Eine 385 Meter lange Fassadenfläche sowie ein 56 Quadratmeter großer Pfeiler galt es auf Wunsch des Auftraggebers Fraport AG so lokalkoloritig in Szene zu setzen, dass der (Durch)Reisende auf einen Blick erfasst: Ich bin in Frankfurt. Und das ist Frankfurt.

Also illustrierte die Agentur Bembel gemeinsam mit Steinmann 15 typische Frankfurt-Motive von der Alten Oper über Goethe, Römer, Senckenberg-Museum bis hin zum Eintracht-Emblem. Als XXL-Krönung türmt sich die Skyline auf sieben mal acht Meter. Seitdem zieht das Modern-Street-Art-Gesamtkunstwerk die Blicke auf sich. Die monochrome Farbgestaltung in grau und blau, sparsam durchsetzt mit

Helge Steinmann aka Bomber und sein Werk am Busbahnhof.

orange und rot, hatte sich der Auftraggeber ausbedungen. »Ich finde es schade, dass die Deutschen immer so sehr auf Seriösität bedacht sind und bunte Farben als kindisch abstempeln«, grummelte damals der Künstler, zeigte sich aber sonst versöhnt mit dem Projekt.

Im Rahmen der »Ja zu Fra!«-Stimmen-Interviews wurde Steinmann gefragt, was er am Flughafen besonders mag. »Die Freude der Menschen, wenn sie geliebte Personen abholen und sich in die Arme nehmen. Das ist einfach ein schönes Bild – immer wieder«, antwortete er damals. Zudem bedeute ein großer Flughafen meistens auch eine große Stadt. »Und je größer die Stadt, desto größer die Anonymität, die man als Sprayer unbedingt braucht, um nicht aufzufliegen.« Merke: Du bekommst den Sprayer aus dem Hoodie. Aber nicht den Hoodie aus dem Sprayer.

Zu den 15 typischen Frankfurt-Motiven zählt auch der Hauptbahnhof.

A STAR WAS BORN

Ein Buch über den Flughafen ohne eine Geschichte über Ulna wäre kein Buch über den Flughafen. Nun sind Vögel nichts Ungewöhnliches an einem Flughafen. Doch dazu später. Blicken wir noch einmal in dieses leuchtend gelbe Augenpaar, folgen fasziniert dem scharfen Schwung des Schnabels und bewundern das braungesprenkelte Federkleid. Gestatten, Ulna, Uhu von Beruf und seit November 2018 heimliches Maskottchen des Flughafens. Ein Mitarbeiter hatte damals den hilflosen Greifvogel auf dem Flughafengelände entdeckt und das Wildlife Hazard Management (siehe dazu auch »*Achtung, Geheimtipp!*«) informiert. Diagnose: Eine Unterarmschwinge (lateinisch »Ulna«) war gebrochen. Behandlung: Operation in der Gießener Uniklinik mit anschließender Reha im Opelzoo und im Falkenhof auf dem Großen Feldberg. Im firmeninternen Fraport-Intranet avancierte die Uhu-Dame schnell zum Star, alle wollten wissen, wie es der jungen Eule ging. Als sie in die Freiheit entlassen wurde, war das den regionalen Medien eine eigene Berichterstattung wert. Nicht erst seit Harry Potter wecken Eulen besondere Sympathien bei den Menschen. Trotzdem war der Uhu in Deutschland lange Zeit vom Aussterben bedroht.

Die Feldlerche zählt ebenfalls zu den gefährdeten Tierarten. Ihr Bestand hat sich dank intensiver Agrarwirtschaft und schrumpfender Lebensräume halbiert. So paradox es klingt, aber am Flughafen findet sie ideale Bedingungen in den Magerrasen-Biotopen rechts und links der Landebahnen. Im Laufe der Jahre haben sich hier mehrere hundert Lerchen angesiedelt, so dass die Population am Airport zur größten im deutschen Binnenland angewachsen ist. Der hübsche Singvogel ist gern geduldet, denn mit einem Gewicht von maximal 55

Gramm ist er zu klein, um bei einer Kollision mit Airbus, Boeing und Co. ernsthaft Schaden anzurichten.

Denn das gilt es zu vermeiden: Wildlife Strike, also der Zusammenprall von Tieren mit einem Flugzeug. Extrem selten und dennoch nie auszuschließen. Wer erinnert sich nicht an die spektakulären Bilder von der Notlandung einer amerikanischen Passagiermaschine auf dem Hudson River in New York? Wildgänse waren beim Start in die Triebwerke geflogen und nur dank der meisterhaften Notwasserung des Piloten konnten damals alle Passagiere unverletzt das Flugzeug verlassen. Zum Vergleich: Wildgänse können bis zu drei Kilogramm schwer werden. Je nach Geschwindigkeit bedeutet das enorme kinetische Kräfte, denen Triebwerkschaufeln, Außenhaut oder Cockpit-Fenster nicht immer standhalten. Reiher, Störche sowie die mittlerweile unvermeidlichen Nil- oder Kanadagänse sind deshalb auch in Frankfurt unerwünscht. Das Flughafengelände ist daher eine einzige ungastliche Servicewüste. Langes Gras versperrt Beutejägern wie Bussard oder Falke die Sicht auf Kleinsäuger und Insekten. Fehlende Wasserflächen locken erst gar keine Wasservögel an. Sträucher, die Beeren tragen, sind ebenfalls Mangelware.

Eine Radartechnik namens »BIRDS« (Bird Intrusion Radar Detection System) hilft zudem, Vogelschwärme im Nahbereich des Flughafens zu überwachen und gegebenenfalls die Piloten zu informieren. Lassen sich die Vögel am Boden nieder, reicht es manchmal schon, mit dem auffällig lackierten »Wildlife 1«-Auto in die Nähe der Tiere zu fahren. Bleiben diese hartnäckig sitzen, helfen Schreckschusspistolen oder ein spezieller Vergrämungs-Laser. Effektiv ist auch der große Lärmangriff: Aus Lautsprechern schreien Vögel, bei denen die Artgenossen lieber freiwillig das Feld räumen.

Wer Kost und Logis frei Haus bekommt, der zieht hier ebenfalls gern ein: Künstliche Fuchsbauten im Randbereich des Flughafengeländes haben die vierbeinigen Helfer angelockt. Die Füchse fressen Mäuse und die Eier der Bodenbrüter, so dass die Greifvögel leer ausgehen. Das heißt aber auch: Ulna wird so schnell nicht wiederkommen.

Uhu Ulna avancierte 2018 zum heimlichen Maskottchen des Flughafens.

ALLES FLIESST, ALLES BLEIBT

Ein Flughafen im Ruhemodus, wir haben es leidlich erfahren, fühlt sich schlicht falsch an. Gespenstisch hallende Gänge, verschlossene Türen, menschenleere Gates. Normalerweise pulsiert und vibriert dieses Gebäude, sind die Terminals durchflutet von Emotionen, sei es Wiedersehensglück und Abschiedsschmerz, Aufbruchsnervosität, Vorfreude oder Verspätungsärger. Und so sehr wir uns diese Normalität zurückwünschen, so zuverlässig werden wir alsbald wieder das nimmersatte »Schneller, weiter, mehr« beklagen und die selbstgewählten Momente der inneren Einkehr wertschätzen.

Ein Ort zum Innehalten, zum Zu-sich-selbst-kommen, ist der »Raum der Stille« im Sicherheitsbereich des Terminal 1 am Flugsteig Z. Sanft lässt er den Besucher in ein entschleunigtes Jetzt eintauchen. Golden schimmern organisch geschwungene Decken- und Wandpanele, das Lichtkonzept spielt mit dem Motiv der Lichtreflexe im Wasser. Ein solider Sitzblock aus Eichenholz bietet haptische Erdung und lädt zum Verweilen ein. Hinsetzen. Wirken lassen. Alles fließt, alles bleibt. Nichts muss, alles darf. »Schläft ein Lied in allen Dingen, die da träumen fort und fort« – ob Eichendorff an einem ganz ähnlichen Ort diese Zeilen ersonnen hat?

Der »Raum der Stille« ist als überkonfessioneller Andachtsraum gestaltet, losgelöst von Ort und Zeit. Insignien kultureller, weltanschaulicher und religiöser Herkunft sucht man hier vergebens. Aber man findet sie an anderer Stelle. Bereits 1972 eröffnete der Flughafenbetreiber in Zusammenarbeit mit der Evangelischen Kirche von Hessen und Nassau und dem Bistum Limburg die erste Kapelle. Im Laufe der Jahre wurde das Angebot sowohl im öffentlichen Bereich als auch in den Transitbereichen beider Terminals um jüdische und muslimische Gebetsräume erweitert. Heute stehen die insgesamt neun Kapellen und Gebetsräume, teilweise in unmittelbarer Nachbarschaft, sinnbildlich für friedliche, religiöse Vielfalt. Es sind schlichte Räume, offen und einladend, das Grundrauschen des Flughafens ist allgegenwärtig. Trotzdem atmet in ihnen eine sakrale Aura, das mächtige Erbe jahrtausendealter Botschaften.

In der christlichen Flughafenseelsorge arbeiten unter anderem die evangelische Pfarrerin Bettina Klünemann und zwei katholische Pater. Sie erteilen Reisesegen, stehen für Gespräche bereit und arbeiten eng mit dem kirchlichen Sozialdienst zusammen. In der ökumenisch genutzten Kapelle im öffentlichen Bereich des Terminal 1 finden in einem normalen Jahr täglich eine katholische Eucharistiefeier und mehrmals wöchentlich evangelische Andachten und Konzerte statt. Die muslimischen Gebetsräume werden meist um die Mittagszeit, besonders aber zum (deutschsprachigen) Freitagsgebet besucht. Vorbeter ist Orhan Öcal, der als Religionsbeauftragter zum Fraport-Team für interkulturelle Angelegenheiten gehört – ein ziemlich einmaliger Job an einem deutschen Flughafen.

Aber auch das ist ziemlich einmalig: Hier kommt der Glaube zum Arbeitsplatz. In der Kapelle haben sich schon Flughafenbeschäftigte (oder Paare, die sich am Gate kennenlernten) im vollen Hochzeits-Ornat das Ja-Wort gegeben und später ihre Kinder getauft. Sie haben hier in mancher Mittagspause Zuflucht gesucht, um den Ärger im Job oder die Hektik des Alltags auszublenden. Oder sie haben sich für immer von Kolleginnen und Kollegen verabschiedet. Eine schlichte Tafel neben dem Eingang erinnert namentlich an sie. Wie wichtig diese Räume sind, zeigt ein Blick ins Gästebuch: »Vielen Dank für solch unerwartete Ruhe am Flughafen Frankfurt. Es ist gut zu wissen, dass es unterwegs so einen Ort gibt, wo man in Stille beten kann«, schrieb ein Passagier. Manchmal reicht es, bestätigt auch Pfarrerin Klünemann, miteinander zu schweigen und sich trotzdem zu begegnen. Und sei es nur mit sich selbst.

Der »Raum der Stille« ist als überkonfessioneller Andachtsraum gestaltet, losgelöst von Ort und Zeit. .

KAUFRAUSCH

Wenn Sie es sich mit jemanden verscherzen wollen, der am Flughafen arbeitet, dann gibt es zwei Möglichkeiten: Sie fragen ganz beiläufig, ob sich das neue Terminal 3 jemals bis an die Kapazitätsgrenze mit Passagieren füllen wird. Oder Sie murmeln etwas von »dein Flughafen ist heute auch nur noch ein Shoppingcenter mit Landebahn«. Stopp! Das zweite Thema ist viel zu lukrativ, um es so billig zu verscherbeln. Es ist sogar hochspannend, denn wer sich mit der Shopping-Psychologie am Flughafen beschäftigt, lernt viel über Menschen. Also auch über sich selbst.

Hand hoch, wer noch nie, wirklich noch nie nach den Sicherheitskontrollen am Flughafen ein Geschäft betreten oder zumindest mit längerem Blick die Auslagen gestreift hat. Hier beginnt bereits die sanfte Lenkung des Unterbewussten. Schauen Sie genau hin. Kein Geschäft hat Türen, sondern offene gestaltete Einlasszonen. Ob italienische Modelabels, französische Delikatessen oder amerikanischer Luxusschmuck – das Warensortiment ist selbst im Vorbeilaufen schnell erfasst.

Dank detaillierter Tiefenstudien weiß man, dass Fluggäste als besonders entscheidungsfreudig gelten. Der Bummel durch die Geschäfte ist bereits Teil der (Urlaubs)Entspannung, die unmittelbar nach der Sicherheitskontrolle einsetzt. Shopping-Experten nennen diese Zeitspanne »die goldene Stunde«. Ade Preissensibilität. Das innere Ich-gönn-mir-jetzt-etwas-Programm läuft auf Autopilot. In der Stadt würden wir einen großen Bogen um jeden Cappuccino machen, der mehr als fünf Euro kostet. Am Flughafen zählt er zum Verwöhnprogramm, das wir uns verdient haben. Auch der Wert der Waren verschiebt sich plötzlich. Wer Mitbringsel für die Familie kauft, rechnet den ideellen Wert on top. Oder das kosmopolitische Airport-Flair verlockt dazu, sich etwas zu kaufen, von dem wir annehmen, dass es einen exklusiven Touch hat. Nicht zu vergessen das Duty-Free-Sortiment mit Zigaretten, Parfüm oder Spirituosen, der Inbegriff des Airport-Shoppings (siehe auch »*Die Schnaps-Idee*«).

Rund 300 Geschäfte, Cafés, Restaurants und Dienstleistungsunternehmen, verteilt auf insgesamt 41.000 Quadratmeter, haben in Frankfurt von früh morgens bis spät abends an 365 Tagen im Jahr geöffnet. Es gibt Edelofferten für vermögende Transit-Passagiere, beliebte Marken für Touristen, ein Bedarfssortiment für Berufsflieger sowie normale Einkaufsmöglichkeiten für Airport- und Airline-Beschäftigte. Der Standort ist begehrt. Als im Oktober 2012 die Terminalerweiterung A-Plus eröffnet wurde, hatten sich 800 Handelsunternehmen für die rund 60 neuen Geschäfte beworben.

Der Shop- und Branchen-Mix folgt einer fein austarierten Logik, die nicht nur auf die Kauflaune der Kunden oder schnelllebige Trends schaut. Luxusboutiquen mit Marken wie Hermès oder Gucci werden als Zeichen von Qualität und Kraft eines Flughafens empfunden. Passagiere entpuppen sich zudem als Reisezwitter: Zum einen sind sie offen für unentdecktes Terrain und lassen sich von ihrer Neugier ins Spezialgeschäft locken. Zum anderen fühlen sie sich aber unterwegs auch manchmal fremd und heimatlos und sind dankbar für vertraute, weltweit bekannte Marken. Selbst klobige Bierseidel, Kuckucksuhren oder Frankfurter Würstchen im Glas verstauben nicht als Ladenhüter. 55 Prozent der Passagiere sind Umsteiger, allein 80 Prozent der asiatischen Touristen fliegen über Frankfurt, hinzu kommen zahlungskräftige russische oder arabische Gäste. Viele wollen ein »Stück Deutschland« mitnehmen und werden in den Souvenirshops fündig.

Der Bummel durch die Geschäfte ist bereits Teil der (Urlaubs)Entspannung.

Was bringt die Zukunft? Zum einen werden sich die Shops stärker inszenieren, ein echtes Shopping-Erlebnis anbieten müssen. Zum anderen wird die Schaffung digitaler Marktplätze Flughäfen vom stationären Angebot insofern entkoppeln, als dass sie ihren Kunden jederzeit personalisierte Produkte und Dienstleistungen anbieten können. Doch nutzen wir rasch die verrinnenden Minuten der goldenen Stunde für eine letzte Warenkunde: Wer kauft was? Amerikaner steuern vorwiegend Süßwaren-Regale an; Schweizer Schokoladenmarken sind in den USA rar und teuer. Russische Kunden greifen gern zu exklusiven Pflegeprodukten. Chinesen studieren oft genau die Etiketten von hochwertigen Weinen und Spirituosen. Chinesische Schriftzeichen gelten als verpönt. Wer will schon in der Heimat das Gesicht verlieren, weil der teure Whiskey nach Fälschung aussieht? Und die Deutschen? Von wegen urlaubende Preissensibilität. Sie lassen sich gern von Rabattangeboten verführen.

DETEKTIVIN MIT SUPERNASE

Was haben die KfW-Bankengruppe, das Jumeirah Hotel, die Frankfurter School of Finance and Management, das Museum für Moderne Kunst, das Frankfurter Polizeipräsidium und der Flughafen gemeinsam? Sie sind Monarchie und Vielvölkerstaat in einem, ungemein fleißig sowie klar hierarchisch strukturiert. Wir sprechen von den Bienen, die dort leben, nicht von den Einrichtungen.

Schätzungen zufolge leben in Frankfurt mehr als 500 Bienenvölker, teils in privaten Gärten, teils auf den Dächern öffentlicher Gebäude oder Unternehmen. Seit mehr als einem Jahrzehnt wohnen auch zehntausende Honigbienen nicht weit entfernt von den Start- und Landebahnen in der Cargo City Süd. Sie sind Teil eines Langzeitbienen-Monitorings des Instituts für Bienenkunde Oberursel. Seit 2006 analysieren Laborexperten die Honig- und Pollenproben der zwölf Völker auf gesundheitsschädliche Rückstände, sogenannte polyzyklische aromatische Kohlenwasserstoffe, sowie Schwermetalle wie Arsen, Blei, Cadmium, Chrom, Kupfer, Nickel oder Zink.

Bienen eignen sich hervorragend als Umweltdetektive. Auf der Suche nach Pollen und Nektar fliegen sie bis zu fünf Kilometer weit. Alles, was die Flughafen-Bienen innerhalb dieses Radius einsammeln, finden die Wissenschaftler später im Honig wieder. Offenbar ist für jeden Gourmetrüssel etwas dabei, das vegane Büffet reicht von Himbeere, Holunder, Eberesche, Natternkopf, Raps bis zu Senf und Linde. So reichhaltig diese Ausbeute ist, so gering sind, tatsächlich, die Rückstandswerte für umweltrelevante Metalle oder Kohlenwasserstoffe. Um einen echten Vergleich ziehen zu können, wurden zwei weitere Referenzstandorte mit ebenfalls je zwölf Bienenvölkern an

Nicht weit entfernt vom Flughafenzaun kontrollieren die Beschäftigten des Instituts für Bienenkunde Oberursel die Bienenstöcke.

der Autobahn A5 in Niederursel sowie im Hintertaunus angesiedelt. Das Ergebnis der Langzeitstudie: An allen drei Standorten liegen alle gesammelten Daten deutlich unterhalb der festgesetzten Lebensmittel-Grenzwerte. Mit anderen Worten: Es gibt keinen qualitativen Unterschied zwischen dem Honig, der am Flughafen geerntet wird, zu dem aus dem Hintertaunus.

Wer jetzt trotzdem denkt: Die armen Tiere, ständig sind sie dem Lärm der startenden und landenden Flugzeuge ausgesetzt, der kann beruhigt weiterlesen. Der Schall stört die Bienen nicht, sie können (fast) nichts hören. Sie reagieren eher auf Vibrationen des Bodens, aber nur in einem Radius von drei bis fünf Metern.

Werden und Vergehen – das Bienenjahr kennt keine anderen Themen. Im Februar beginnt die Königin die ersten Eier abzulegen. Im

Sommer ist das Volk auf bis zu 60.000 Bienen angewachsen. Eine Arbeitsbiene lebt etwa 40 Tage, eine Königin kann vier Jahre alt werden. Sobald die ersten Pflanzen blühen, herrscht reger Flugbetrieb vor dem Stock. Bis zu 30 Mal am Tag schwärmt die Trachtbiene aus und besucht mehrere Tausend Blüten – für ein Glas Honig müssen sie und ihre Kolleginnen rund zwei bis sieben Millionen Blüten anfliegen. Nebenbei sammeln sie eifrig Flugmeilen: mehrere Zehntausend Kilometer. In diesem Fall leider uneinlösbar. Bereits Ende Juni legt die Königin immer weniger Eier, im Spätherbst ist Schluss mit

Zwölf Bienenvölker leben nicht weit entfernt von den Start- und Landebahnen in der CargoCity Süd.

Nachwuchs. Das (dezimierte) Volk kehrt zurück in den Stock, rund 5.000 Bienen bilden dann die sogenannte Wintertraube, die die Königin in einen wärmenden Kokon einhüllt.

Bienen am Flughafen sind kein Frankfurter Alleinstellungsmerkmal. Es gibt sie auch in Düsseldorf, München oder Hamburg. Einzigartig ist jedoch das Langzeit-Monitoring, das in Hessen betrieben wird.

Rund 85 Prozent der landwirtschaftlichen Erträge im Pflanzen- und Obstbau hängen von der Bestäubung der fleißigen Helfer ab. Die Honigbiene ist aber nicht nur Umweltdetektivin und das kleinste Nutztier Europas: Seit Jahren gibt es Pilotprojekte, sie zusätzlich zur Anti-Terror-Einheit auszubilden. Wer jetzt an Biene Maja in SEK-Montur und mit scharfer Munition denkt – nein, wir sind ja nicht bei Toy Story. Es geht vielmehr um das phänomenale Riechvermögen der Apis mellifera. Zum Vergleich: Der Mensch hat rund 400 Riechrezeptoren, ein Schäferhund 1.200. Eine Biene hat 60.000. Deshalb reichen schon einzelne Duftstoff-Moleküle, um sie über Kilometer hinweg anzulocken. Experimente in den USA und Frankreich haben gezeigt, dass die gelehrigen Tierchen binnen Stunden darauf konditioniert werden konnten, Rauschgift oder Sprengstoff in Gepäckstücken zu erschnüffeln. Hunde brauchen dafür bis zu vier Monate. Allerdings kann der Hund anschließend seine Supernase bis zu zehn Jahre einsetzen. Eine Biene hingegen lebt nur wenige Wochen. Bleibt noch eine letzte Frage zu klären: Was passiert eigentlich mit der Honigernte aus der Cargo City Süd, immerhin bis zu 150 Kilogramm im Jahr? Sie wird mit anderem Honig vermischt und als Flughafen-Honig zu besonderen Gelegenheiten verschenkt.

DUTY-FREE

DIE SCHNAPS-IDEE

Im Flughafen von Shannon steht seit 2017 eine kleine Bronzebüste, sie zeigt Dr. Brendan O'Regan. Ohne ihn würden Flughäfen heute vielleicht etwas anders aussehen. Reisen wir deshalb zurück ins Jahr 1947, als die Globalisierung im Propeller-Flugzeug erfolgte. Wer damals über den Atlantik flog, musste einen Tank-Zwischenstopp einlegen, und so entwickelte sich der Flughafen Shannon an der irischen Westküste zum wichtigsten transatlantischen Drehkreuz Europas mit Zehntausenden von Passagieren, die sich während des Tankvorgangs im Terminal langweilten.

Dr. Brendan O'Regan hatte Hotelmanagement studiert und war in Shannon als Rechnungsprüfer für das Airport-Gaststättengewerbe tätig. Um den Passagieren in der Zwangspause mehr als Snacks und Kaffee zu bieten, erinnerte sich O'Regan an den zollfreien Einkauf auf See. Was für internationale Gewässer galt, sollte auch in der Luft möglich sein, so seine Überlegung. Also beantragte er 1947, den Flughafen zur zollfreien Zone zu erklären, um Spirituosen und Tabakwaren günstiger verkaufen zu können. Sein Argument: Wer durch die Passkontrolle gegangen ist, hat bereits das Land verlassen. Zölle und Steuern gelten dann nicht mehr. Die irische Regierung folgte dieser Argumentation und verabschiedete den »Customs Free Airport Act«. Das Duty-Free-Modell war geboren. 1957 folgte in Amsterdam der zweite Duty-Free-Shop, ein Jahr später ermöglichte Frankfurt den zollfreien Einkauf von Waren für den persönlichen Bedarf.

1999 kamen der EU-Binnenmarkt und mit ihm die Steuerharmonisierung sowie der Wegfall von Zöllen. Eigentlich drohte damit das Ende des steuerfreien Einkaufs bei Reisen innerhalb der EU. Doch der größte Duty-Free-Anbieter in Deutschland ersann flugs das Travel-Value-Konzept: eine Ware, ein Preis. Die Steuerlast trägt der Einzelhändler. Durch die Vorlage der Bordkarte wird das Reiseziel ermittelt, davon wiederum hängt ab, ob der Shop-Betreiber Umsatz- und Verbrauchsteuer an die Behörden abführen muss. So kann jeder Flugreisende zollfrei einkaufen, unabhängig von Nationalität oder Flugziel. Einzige Ausnahme bilden Tabakwaren aufgrund der gesetzlichen Preisbindung.

Im Schnitt sind daher, laut Auskunft des Anbieters, Spirituosen, Parfüm oder Kosmetika 20 bis 50 Prozent günstiger als in den Innenstadt-Läden. Nicht immer springt einem der Unterschied sofort ins Auge, denn während zum Beispiel im Supermarkt um die Ecke überwiegend 0,7-Liter-Flaschen verkauft werden, sind am Airport Spirituosen in 1-Liter-Flaschen erhältlich. Wer es etwas exklusiver mag: »Mouton Rothschild« steht in geschwungenen Goldlettern auf dem Etikett, darüber die Jahreszahl 1945. Ein Sammlerstück, sanft gebettet in einer edlen Kiste und 34.000 Euro wert. Dann doch lieber den Champagner für 14.000 Euro?

Ernsthaft? Ja, ernsthaft, liegt alles gut bewacht im Lager und wird nur auf Wunsch geholt. Das Glück des Economy-Fluggastes fällt etwas bescheidener aus, wenn sie (oder er) zum Beispiel einen bisher unbekannten Duft seiner Lieblingsmarke entdeckt. Das internationale Publikum am Flughafen gilt bei Herstellern als hervorragendes Versuchsareal, um neue Produkte zu testen.

Und jetzt ein Service-Tipp: Sollte an der Sicherheitskontrolle der Schnürsenkel gerissen sein oder eine gewisse Reichweitangst wegen fehlender Babywindel aufkeimen, fragen Sie mal dezent das Perso-

Wer hat's erfunden? Ein Ire hatte die Idee für »Duty-Free«.

nal im Duty-Free-Shop. Schnell ist ein schlichter Karton hervorgezaubert mit kleinen Rettungsankern namens Pflaster, Nadel, Taschentuch. Wenn gewünscht, tragen sie Ihnen auch die Einkäufe nach Hause oder zumindest ans Gate. Na ja, fast. Duty-Free gibt es mittlerweile auch als E-Commerce-Option.

GATEWAY GARDENS

GIRLS, LERNT FLIEGEN!

Es gäbe viel zu erzählen über Gateway Gardens. Wer jedoch architektonische Details über zertifiziertes, nachhaltiges Bauen erwartet, kann weiterblättern. Wer etwas über den Traum vom Fliegen lernen möchte, darf vorrücken zum nächsten Absatz. Denn es folgt nur ein kurzes Willkommen in der ehemaligen Housing Area der Rhein Main Air Base, dem einst größten Luftwaffenstützpunkt außerhalb der USA! Über 50 Jahre lebten bis zu 2.500 US-Militärangehörige mit ihren Familien direkt neben dem Flughafen, ihrem »Gateway to Europe«, inklusive Kirche, Kino und Kindergarten. 2005 wurde der Standort geschlossen, seitdem wächst in Frankfurts jüngstem Stadtteil ein neues Quartier mit Büros, Hotels und urbaner Infrastruktur. Die Dächer sind begrünt, die Gebäude überdurchschnittlich energieeffizient, das Campus-Konzept lädt ein in offen zugängliche Parks und Gastronomie.

So, und jetzt zum Traum vom Fliegen. Vorweg eine Randnotiz: Wussten Sie, dass lediglich 130 der 3.400 Frankfurter Straßen und Plätze nach Frauen benannt wurden (und rund 1.000 nach Männern)? In Gateway Gardens sind gleich fünf Frauen berücksichtigt. Und sie wurden klug gewählt, denn jede war eine Ikone der Luftfahrtgeschichte, die sich ihren Platz im Cockpit teilweise hart erkämpfen musste. Thea Rasche beispielsweise, 1899 in Unna geboren. 1925 machte sie als erste deutsche Frau ihren Kunstflugschein und avancierte zur international bekannten Fliegerin, die besonders in den USA als »The Flying Fräulein« gefeiert wurde. »Girls, lernt fliegen«, riet sie den amerikanischen Mädchen und Frauen, obwohl sie selbst immer wieder von finanziellen und gesundheitlichen Problemen gebeutelt wurde. Als Journalistin (und einzige Frau) nahm sie 1934 an Bord einer DC-2 am

»Internationalen Flugzeugrennen für den Frieden« von England nach Australien teil, ihre Berichterstattung gab der noch jungen Branche völlig neue Impulse.

Eine Pionierleistung gelang auch Amelia Mary Earhart, die 1932, und damit fünf Jahre nach Charles Lindbergh, in einer Lockheed Vega 5B als erste Frau im Alleinflug den Atlantik überquerte. Sie verstand ihre wagemutigen Rekordflüge als Beweis, dass Frauen kein schmückendes, aber nutzloses Cockpit-Beiwerk waren, sondern für Männer ernstzunehmende Rivalinnen im Wettkampf um jegliche Höchstleistungen. 1937 fehlte Earhart nur noch eine Etappe, um als erster Mensch die Erde am Äquator entlang zu umrunden. Dann brach über dem Pazifik der Funkkontakt ab. Ihr Flugzeug wurde nie gefunden.

Es sollte dennoch vier Jahrzehnte dauern, bis Rita Maiburg als erste Flugkapitänin im regulären Liniendienst Geschichte schrieb. Die Pilotin aus Bonn hatte sich 1974 bei der Lufthansa beworben und war abgelehnt worden. Begründung: »Da weibliche Flugzeugführerinnen in unserer Gesellschaft aus grundsätzlichen Erwägungen nicht zum Einsatz kommen.« Maiburg verklagte daraufhin die Lufthansa und pochte auf die im Grundgesetz verankerte Gleichbehandlung von Mann und Frau. Vergebens. Sie verlor den Prozess, aber die in Kriftel ansässige regionale Fluggesellschaft DLT stellte sie umgehend ein. Die Begrüßung der Fluggäste übernahm trotzdem regelmäßig eine Stewardess »im Namen von Flugkapitän Maiburg«. Zu fortschrittlich wollte selbst die DLT nicht sein. Und die Lufthansa gab tatsächlich erst 1988 ihre Vorbehalte gegen Frauen im Cockpit auf.

Mit noch gravierenderen Ressentiments hatte Bessie Coleman zeitlebens zu kämpfen. Als afro-amerikanische Frau musste die Texanerin 1920 nach Frankreich ziehen, um ihren Pilotenschein zu machen. 1926 kam sie bei einem Absturz ums Leben, sonst hätte sie ihr großes Ziel sicher verwirklicht: die erste Flugschule in den USA zu eröffnen, die auch Afroamerikaner hätten besuchen dürfen. Bleibt noch Jean Gardner Batten. Die neuseeländische Langstreckenfliegerin hakte in den 30er Jahren stets neue Weltrekordstrecken wie England-Brasilien (61 Stunden) oder Australien-England (fünf Tage, 18 Stunden) ab. Eine Nationalheilige, apart, selbstbewusst, als »Garbo des Himmels« verehrt. Heute trägt das internationale Terminal vom Flughafen Auckland ihren Namen. Und eine Straße im Frankfurter Stadtteil Gateway Gardens. Girls, lernt fliegen! Wartet nicht, bis euch Flügel wachsen.

Die Straße vorne rechts bis zum Kreisel ist die Thea-Rasche-Straße.

ÜBERSICHTSKARTE

Legende (analog zu den Kapitelnummern)

01 Terminal 1/Standort
03 Zeppelinmuseum
04 KZ Außenstelle Walldorf
05 Luftbrückendenkmal
06 Luftpost
07 Startbahn West
09 Terminal 2
10 Dorian Gray (Terminal 1)
12 Bahnsystem
17 Fundbüro (Terminal 1)
21 Klappertafeln (Terminal 1)
22 Flughafenklinik (Terminal 1)
23 Lotsen (Tower)
25 Landebahn Nordwest
26 SkyLine-Bahn (Terminal 1 & 2)
27 Tanklager
28 Terminal 3
32 Wetter
35 General Aviation Terminal
36 Perishable Center
37 Aussichtspunkte
38 Jumbohalle
40 Besucherzentrum (Terminal 1)
41 The Squaire
42 Hängende Gärten (Terminal 2)
43 Animal Lounge
44 Graffiti Busbahnhof (Term. 1)
46 Begegnungen (Terminal 1 & 2)
47 Shopping (Terminal 1 & 2)
50 Gateway Gardens

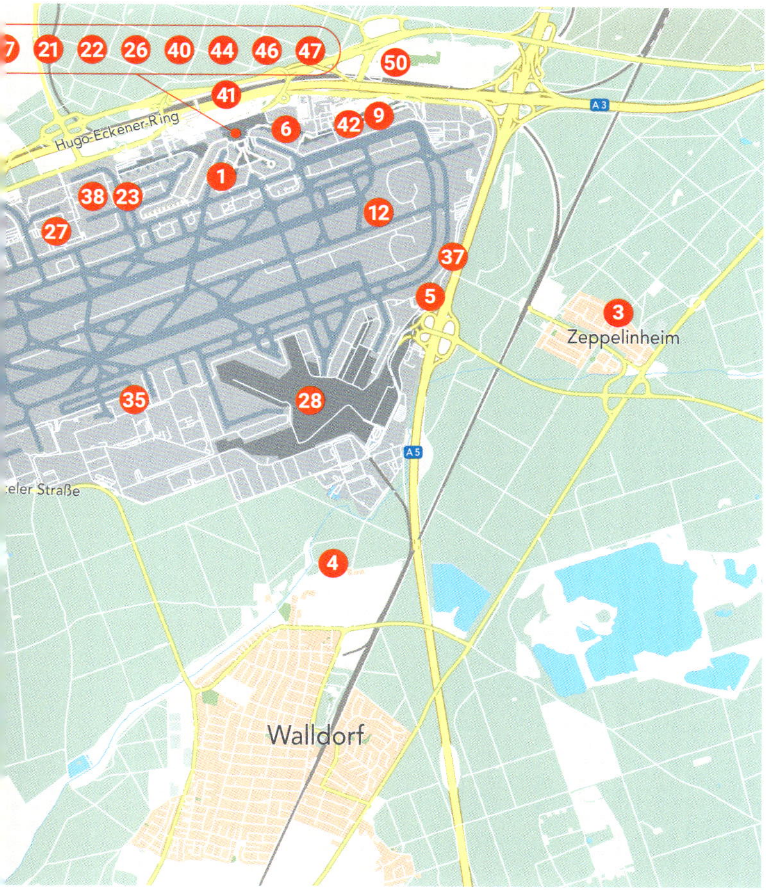

Map data © OpenStreetMap contributors

DANK

Dieses Buch wäre nicht möglich gewesen ohne die zahlreichen auskunftsfreudigen Gesprächspartner, mit denen ich im Laufe der Jahre am Flughafen Frankfurt in Kontakt kam. Die Projekte und Themenstellungen waren unterschiedlich, doch am Ende stand stets ein klares Statement im Block: Keiner wollte diesen besonderen Arbeitsplatz missen. Unvergessen bleibt ein Vorfeld-Interview mit einem Beschäftigten der Bodenverkehrsdienste. Er erzählte gerade von 25 Jahren harter Abfertigungsarbeit bei Regen, Schnee und Hitze, der Wind blies kalt über den Beton, als im Hintergrund eine größere Frachtmaschine auf ihre Position rollte. Eigentlich ein alltäglicher Vorgang, allenfalls interessant für die damals noch leicht zu beindruckende Fragenstellerin. Dachte ich. Doch dann deutete mein Interviewpartner in Richtung Flugzeug und sagte: »Das hier, das fasziniert mich immer wieder, auch nach 25 Jahren.«

Ein Dank geht auch an das gesamte Team der Unternehmenskommunikation der Fraport AG sowie an die Fraport-Fotografen Sabine Eder, Andreas Meinhardt und Stefan Rebscher, die für die meisten der wunderbaren Bilder in diesem Buch verantwortlich zeichnen.

Ein besonderer Dank gilt darüber hinaus dem stets hilfsbereiten Duo Martin Grossbach und Annette Schmidt vom Fraport-Archiv, das als Historisches Langzeitarchiv einzigartig ist an europäischen Flughäfen. Was kaum einer weiß: Jeder kann sich an das Archiv wenden, egal ob man zum Thema »Tiere am Flughafen« recherchiert oder Drehorte von James-Bond-Filmen am Airport sucht.

Dieses Buch wäre zudem nicht zustande gekommen ohne Bernt und Frederik, die beste Homeoffice-Familie der Welt, sowie meine Eltern. Danke für alles.

AUTORIN

Ulrike Corneliussen, geboren 1971 in Köln und aufgewachsen in Iserlohn, ging nach dem Germanistik-Studium in Münster nach Nürnberg. Sie würde wahrscheinlich noch heute als Sportredakteurin bei den Nürnberger Nachrichten arbeiten, wenn ihr nicht die Liebe den schönsten Strich durch diese Rechnung gemacht hätte. Seit 2011 lebt und arbeitet sie in Frankfurt. Die Themen und Aufgaben haben sich seitdem verändert. Dem Schreiben ist sie treu geblieben.

BILDNACHWEIS

Seite 13: Fraport Archiv

Seite 14: Fraport Archiv

Seite 15: Fraport Archiv

Seite 17: Bildarchiv Deutsche Lufthansa AG

Seite 19: Bildarchiv Deutsche Lufthansa AG

Seite 22: Von U.S. Navy - Official U.S. Navy photo NH 43900 from the U.S. Naval History and Heritage Command; originally uploaded to en.wikipedia on 28 Jun 2004 by Taak, Gemeinfrei, https://commons.wikimedia.org/w/index.php?curid=308254

Seite 23: Von U.S. Naval Historical Center Photograph. Courtesy of the San Francisco Maritime Museum, 1969. - http://www.history.navy.mil/photos/images/h69000/h69168c.htm, Gemeinfrei, https://commons.wikimedia.org/w/index.php?curid=512530

Seite: 26: Von Norbert Nagel - Eigenes Werk, CC BY-SA 3.0, https://commons.wikimedia.org/w/index.php?curid=18177632

Seite 28: Fraport AG, Stefan Rebscher

Seite 29: Fraport Archiv

Seite 32: Fraport AG

Seite 34: Fraport AG

Seite 35: Matthias Feyerabend, Historisches Museum Frankfurt

Seite 37: Fraport AG, Stefan Rebscher

Seite 39: Roland Witschel, dpa Picture-Alliance

Seite 40: Jörg Schmitt, dpa Picture-Alliance

Seiten 44/45: Fraport AG

Seite 46: Fraport AG

Seite 47: Fraport AG, Andreas Meinhardt

Seite 50: Timo Stoll, CC BY-SA 3.0, https://commons.wikimedia.org/w/index.php?curid=425537

Seite 51: Fraport AG, Milan Skaryd
Seite 53: Fraport AG, Stefan Rebscher
Seite 56: Fraport AG, Andreas Meinhardt
Seiten 58/59: Fraport AG, Andreas Meinhardt
Seite 61: Fraport AG, Andreas Meinhardt
Seite 62: Fraport AG, Andreas Meinhardt
Seite 65: Fraport AG, Andreas Meinhardt
Seite 67: Fraport AG, Stefan Rebscher
Seiten 68/69: Fraport AG, Stefan Rebscher
Seite 73: Fraport AG
Seite 74: Fraport AG, Stefan Rebscher, Andreas Meinhardt
Seite 75: Fraport AG, Andreas Meinhardt
Seite 77: Fraport AG, Sabine Eder
Seite 79: Fraport AG, Andreas Meinhardt
Seite 83: Fraport AG, Andreas Meinhardt
Seite 85: Fraport AG, Stefan Rebscher
Seite 89: Fraport AG, Stefan Rebscher
Seiten 90/91: Fraport AG, Andreas Meinhardt
Seite 93: Fraport AG, Andreas Meinhardt
Seite 96: Fraport AG, Andreas Meinhardt
Seite 97/98: DFS Deutsche Flugsicherung, H.-J. Koch
Seite 100: Fraport AG, Andreas Meinhardt
Seite 103: Fraport AG, Andreas Meinhardt
Seite 107: Fraport AG, Jochen Günther
Seiten 110/111: Fraport AG, Stefan Rebscher
Seite 115: Fraport AG
Seite 116: Fraport AG
Seite 118: Fraport AG, Andreas Meinhardt

Seite 119: Fraport AG, Sabine Eder
Seite 122: Fraport AG, Sabine Eder
Seiten 124/125: Fraport AG, Sabine Eder
Seite 127: Fraport AG
Seite 131: Fraport AG, Andreas Meinhardt (2)
Seite 133: Fraport AG, Stefan Rebscher
Seite 137: Fraport AG, Andreas Meinhardt
Seite 141: Fraport AG, Andreas Meinhardt
Seite 145: Fraport AG, Andreas Meinhardt (5)
Seite 148: Fraport AG, Andreas Meinhardt
Seite 151: Fraport AG, Andreas Meinhardt
Seite 153: Fraport AG, Andreas Meinhardt
Seite 154: Fraport AG, Ulrike Corneliussen
Seite 157: Fraport AG, Gerhilde Skoberne
Seiten 160, 161: Fraport AG, Andreas Meinhardt
Seite 163: Fraport AG, Stefan Rebscher
Seite 165: Fraport AG
Seite 166: Fraport AG
Seite 169: Fraport AG, Andreas Meinhardt
Seite 170: Fraport AG, Andreas Meinhardt
Seite 173: Fraport AG, Andreas Meinhardt (3)
Seite 176: Fraport AG, Andreas Meinhardt
Seite 179: Fraport AG, Frank Seifert
Seite 181: Fraport AG, Stefan Rebscher
Seite 182: Fraport AG, Stefan Rebscher
Seite 186: Fraport AG, Frank Seifert
Seite 189: Fraport AG, Stefan Rebscher

Präzision trifft Faszination
Building the Future - Terminal 3
www.terminal3.info
Frankfurt
Airport